罗德胤 —— 主编

在路上

中国乡村复兴论坛年度纪实

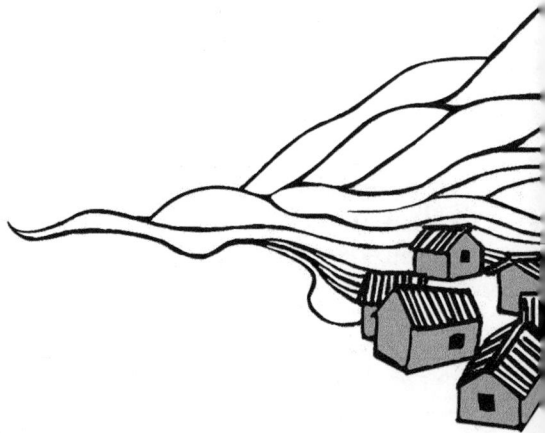

（一）

清华大学出版社

北 京

内 容 简 介

　　本书收录了 2016 年中国乡村复兴论坛 26 位演讲者的发言稿，以及主编为出版而特别撰写的一篇长文。这些演讲者大都是工作在我国乡村保护与发展第一线的知名专家、学者和基层干部，包括孙君、刘文奎、朱良文、德村志成、王维仁、杜晓帆、潘守永、何崴、朱胜萱、宋微建、闵红艳等。此外也有从美国、日本请来的国际友人。全书分政府、NGO、文化、设计和文创五章，力求全方位地记录下该年度乡村领域里具有探索意义的技术经验和知识思考。

图书在版编目 (CIP) 数据

　　在路上：中国乡村复兴论坛年度纪实 . 一 / 罗德胤主编 . —北京：清华大学出版社，2017（2020.9重印）
　　ISBN 978-7-302-47060-1

　　Ⅰ . ①在…　Ⅱ . ①罗…　Ⅲ . ①城乡建设—研究—中国—现代　Ⅳ . ① F299.21

　　中国版本图书馆 CIP 数据核字（2017）第 092760 号

责任编辑：周莉桦　刘一琳
封面设计：李召霞
责任校对：王淑云
责任印制：杨　艳

出版发行：清华大学出版社
　　　　　网　　址：http://www.tup.com.cn, http://www.wqbook.com
　　　　　地　　址：北京清华大学学研大厦A座　　邮　　编：100084
　　　　　社 总 机：010-62770175　　　　　　　　邮　　购：010-62786544
　　　　　投稿与读者服务：010-62776969, c-service@tup.tsinghua.edu cn
　　　　　质量反馈：010-62772015, zhiliang@tup.tsinghua.edu.cn
印 装 者：北京九州迅驰传媒文化有限公司
经　　销：全国新华书店
开　　本：145mm×210mm　　印　　张：7.25　　字　　数：200千字
版　　次：2017年5月第1版　　印　　次：2020年9月第2次印刷
定　　价：39.80元

产品编号：074200-02

编写说明

本书是由 2016 中国（新县）乡村复兴论坛（4 月 7 日—4 月 8 日）及 2016 中国乡村复兴论坛·桐梓站（11 月 11 日—11 月 12 日）的嘉宾演讲内容整理编著而成。本书编写得到乡村复兴论坛多位演讲嘉宾的大力协助，在此一并致谢。编者殷切期望读者的批评指正，以便进一步修改。

编委会

策　划：中国乡村复兴论坛组委会

主　编：罗德胤

副主编：吕　旅　　孙　君　　刘文奎　　成　砚　　常　江

　　　　李永良　　Vimalin Rujivacharakul

编　委：王　斐　　孙　玥　　孙　娜　　夏　璇　　陈　琳　　齐　亮

　　　　贾　萌　　苑　城　　戴梦馨　　郭雪莲　　李君洁　　孟　羚

　　　　王芝茹　　詹　洁　　陈琳嘉　　张　哲　　卢锦涛　　温　瑜

　　　　刘　畅

序

永续与共享

——2016 年中国（新县）乡村复兴论坛述评

罗德胤

清华大学建筑学院副教授

中国乡村复兴论坛主席

2016 年 4 月 7 日，经过四个月时间紧张筹备的第一届中国乡村复兴论坛，于河南省信阳市新县西河村粮油博物馆隆重召开。来自山东、山西、河南等16 个省份的代表出席了本次论坛。论坛参加者包括多个县市级地方领导和住建局、规划局、旅游局等职能部门负责人，以及多家设计机构的专业人员，还有来自中央电视台、人民网、新华社、《中国建设报》《中国旅游报》《中华遗产》杂志社、信阳电视台等 60 多家媒体。

中国乡村复兴论坛是由清华大学建筑学院牵头，联合北京绿十字、中国扶贫基金会、中国古村落保护与发展专业委员会和北京城建设计发展集团股份有限公司共同主办，深圳市爱乡村传媒有限公司执行承办的乡村盛事①。

在西河村举办的这一次论坛，首次成功实现了在乡村举办乡村的行业交

---

① 本篇序言写于 2016 年 6 月至 8 月。2016 年 11 月，乡村复兴论坛又在贵州桐梓县中关村举办了一次分站活动。因为时间所限，本书只来得及整理收录入中关村会议的两篇演讲稿。它们是洪金聪的《乡建恨晚·贵州中关村的乡建实践》和吴海飞的《乡建恨早》。

流大会。到村里开大会，是组委会在选择会址之初就确定下的原则。这不但是为了创造出更地道、更极致的参会体验，也有利于给当地乃至全国的乡村事业注入更多的信心与活力。组委会和东道主紧密合作，克服了重重困难，使得大会顺利召开并且圆满结束。原定450人的大会，尽管一再采取了限制措施，最终参会人数仍然多达630人。所有参会代表享受到了一次知识与思想的盛宴，又与西河村民们一同度过了一个盛大的节日。

围绕着"永续与共享"的主题，本次论坛也成功构建起一个多方参与、跨行业合作、以文化为引导同时又面向乡村实践的开放平台。乡村是一个综合复杂的系统，乡村问题的解决也需要系统综合的方法和理论。经组委会慎重考察和选择，本次论坛一共邀请到45位演讲嘉宾和主持嘉宾。他们来自六个国家，有不同的专业背景，并且大多数亲身参与过乡村实践项目，有的还形成了比较成熟的理论经验。通过本次论坛，这些成功的项目案例、方法经验和思想观念得到了迅速推广，同时也为酝酿和培育出更多、更有效的乡村实践案例和理论打下坚实基础。

为什么是"乡村复兴"？

论坛召开的大背景，正是"乡村建设"成为热门话题的时候。论坛秘书长李永良在开幕式的开场发言中，也提出论坛致力于要解决的几个问题："一是缘何乡建，二是为何乡建，三是如何乡建，四是与谁乡建[①]。"

既然如此，本次论坛的名称为什么是"乡村复兴"，而不是当下更为流行的"乡村建设"呢？论坛的两位组织者——清华大学建筑学院副教授罗德胤和美国特拉华大学艺术史系副教授许冠儿（Vimalin Rujivacharakul）在开幕式致辞中给出了回答："论坛的名称包含了三个关键词——复兴、中国、乡村，第一个关键词——复兴，明确了行动的必要；第二关键词——中国，表明了

[①] 这句话源于2015年12月12-13日在华中科技大学召开的"新建筑论坛（秋季）"，该论坛主题为"乡建是一种转移？"，其导言则提出了"为何乡建、乡建为谁、谁在乡建、怎样乡建"的一组问题。

文化的认同；第三个关键词——乡村，明确了一个由空间造就的人的聚落。也就是说，中国乡村复兴暗示了文化的复兴和城市发展回归乡村生活的需要。"

相比于乡村建设，乡村复兴或许是一个更有文化内涵的词汇。自从二十世纪二三十年代梁漱溟、晏阳初等前辈开展乡村建设运动以来，乡村建设就一直有比较明显的社会学意味。近年来投身乡村建设的主力，也以非政府组织居多，比如中国扶贫基金会、北京绿十字、地球村，等等。学术圈里参与乡村建设的机构也很多，但仍呈现出比较分散的状态，目前影响力较大的要数中国人民大学成立于2012年的乡村建设中心。该中心的负责人为温铁军教授，尽管温教授的专业是经济学，但他在公众面前更多是以"三农"问题专家的形象出现。

复兴和建设的差别还在于，前者表明以前曾经辉煌过，后者则容易给人从零开始的暗示。作为一个拥有数千年农业文明的大国，中国的乡村毫无疑问是曾经辉煌过的，而且是很长时间的辉煌。这种辉煌不仅是产业上的发达，还包括文化上的厚重。随着近代工业文明的起步和发展，农业文明在生产效率上大为落后，才导致乡村的凋敝。在工业化和城市化发展到一定阶段之后，乡村的价值会重新被人们发现，这是全球范围内的共同趋势。在中国，这一趋势更是有着特别的意义，因为以农业为根基的中华文明，乡村是文化的主要载体，国人对乡村有着天然的文化心理认同感。北京城建院王汉军总经理在论坛致辞中引用了宋人诗句："棠梨叶落胭脂色，荞麦花开白雪香。何事吟余忽惆怅？村桥原树似吾乡。"乡愁，根植于每个中国人的内心。

不管是乡村建设还是乡村复兴，所面临的问题都是共同的。正如时任新县县长吕旅在论坛演讲中所说："正所谓'70后'不想种地，'80后'不愿种地，'90后'不会种地。""世外桃源式、田园牧歌式的农村，只能是记忆中的乡愁，而绝不是我们所面对的现实。"中国古村落委员会常务副会长张安蒙女士也说道："乡村建设和乡村复兴是一个令人亢奋的职业，也是一个生动的职业，但是在我心里它又有沉重的使命。我们感受到农耕时期留下的种种辉煌，也眼见它们在匆匆流失。"

2016 中国（新县）乡村复兴论坛留念

为什么选在西河村？

首先，我们决定要在新县开这次论坛。"新县是一个革命老区""新县也是一个国家级贫困县，三年前，全县有 73 个贫困村 4.16 万贫困人口，到目前为止还有 42 个贫困村，2.37 万的贫困人口。"早在三年前，新县政府就邀请北京绿十字、中国扶贫基金会、中国古村落保护和发展专业委员会，共同发起了名为"英雄梦、新县梦"的大型公益规划设计活动。这次活动之所以命名为"英雄梦、新县梦"，是因为"在革命战争年代，不足 10 万人的新县，为新中国的成立献出了 5 万 5 千名优秀儿女的生命""这些先烈和英雄们的梦想，就是要让人民翻身得解放，过上幸福的生活。"①

三年的时间里，国内外一共 500 多名专家、设计师和志愿者，对新县的总体规划、产业发展、乡村建设、环境保护、古村保护、健康教育等方面做了细致而系统的工作。三年后的今天，在新县召开一次全国性的乡村大会，既是对上述工作的检验，也是为了提供一次机会，让外界了解新县，并且向参与新县公益规划设计活动的所有志愿者致敬。

其次，我们在三个备选的会址上进行了认真的研究比较。一是新县宾馆，这里是"英雄梦、新县梦"公益活动举行启动仪式、一周年纪念活动和两周年纪念活动的地方，有着成熟的办会经验。但是新县宾馆的大会议室最多只能容纳 300 人，无法满足我们 500 人的会议规模。二是大别山干部学院，这里是河南省三大干部培训地之一，有 800 人的大会堂，还能同时容纳 500 人

---

① 吕旅县长在本次论坛上的发言。

的住宿，是一个比较理想的开会场所。不过，在和西河村的粮油博物馆进行比较之后，尽管后者无法提供设备齐全的会议设施，更无法满足几百人的住宿，但我们还是毅然决然地选择了西河村。因为"三年前我们来西河村，不仅路难走，我们看见的每一个村民脸上都是一种木讷的表情。但是现在在我们走进西河村，看到的是他们脸上发自内心的笑容[1]。"这样的西河村，正是我们希望向外界展示的乡村面貌。我们也相信，在这样的西河村里开大会，可以创造出更地道、更极致的乡村会议体验，从而给乡村事业注入更多的信心与活力。

西河村举行篝火晚会迎接嘉宾

什么是政府该做的事？

在大多数地方，政府在乡村工作上仍起主导作用，也正因为这一点，新县吕旅县长在论坛上的发言备受关注。吕县长的讲话也充分反映了他的思想认识高度："所谓底线思维，就是要保护文化遗产，留住历史文脉；所谓红线

---

[1]　吕旅县长在本次论坛上的发言。

意识，就是要敬畏自然、顺应自然""尊重村民意愿就是要激活人心，政府不能当'独裁者'，专家不能当'呼喊派'，社会资本不能唱'独角戏'，最终我们都是群众演员，群众才是真正的主角""完全以农民为主体，启动内置金融会有很大的困难和障碍。如果完全靠社会资本来运作，生产只能产生效益，资本才能产生利润，资本的逐利性决定，第一不可能漫无目标地向乡村投资，第二即使到乡村去投资，可能会造成与民争利的后果。为有效解决这个问题，我们在搭建合作组织这样一个承接平台的前提下，政府通过项目投入，把财政资金折股量化，作为第三方来平衡社会资本和内置金融的关系，既通过引进资本来促进乡村复兴，又能保证群众从中受益""乡村复兴没有一个放之四海而皆准的办法、机制和模式，不管是在规划建设上，还是在产业发展上，包括在资本运作上，都应该呈现多元化的特征"。

来自湖北广水市发改委"两圈一区"办公室的华运鹏主任，在桃源村从事了多年的乡村建设。"2012年12月我们刚到桃源村的时候，那里还是一片荒凉，全村1600人，留在家中的不到600人，一千多人背井离乡。经过我们三年的努力，桃源村现已成为广水市人气最旺的旅游景点，曾被住建部评为'中国传统村落'，同时还被纳入了中国美丽乡村创建试点行列。2014年，桃源村荣获'荆楚最美乡村'第一名，目前已接待来自全国各地的300多个考察团""桃源村项目建设的主要内容共有六项：古民居改造、生态环境修复、基础设施建设、景观建设、文化建设、内置金融合作社建设。其中，内置金融合作社目前已有人数60人，包括20名乡贤和40位老人。加上政府提供的部分引导资金，合作社的资金规模也已达到120万，因此，在合作社成立的当年我们就给老人发了红包"。

这些亮丽成绩的背后，是艰辛的付出。"这三年桃源村项目之路走得很快，但也无比艰难""因为它不仅仅是一个项目，更是一场思维方式的变革"。华运鹏主任以分享"困惑"的方式，讲了很多"干货"。困惑之一是乡村的规划。绿十字牵头的规划团队，注重的是乡村规划实践的灵活性和村集体的建设，所以不主张提供通常意义上的整套规划文本。这使得华主任承受了相当大的政策压力。困惑之二是实施的机制。市委领导直接对乡村建设进行布置，重视是很重视，但是在对项目理解不够的情况下，也造成不少争执和矛盾。

困惑之三是资金的整合。资金整合很不容易，一是因为各个部门都有自己原先的工作套路，不按这些套路使用资金就经常会卡壳，二是有些部门的项目，用到传统村落里会造成风貌上的破坏，但是审计程序对这些项目的推进又有硬性要求。困惑之四是招标的程序。现有的招标规定会明显增加成本，还延误了时间，又保障不了质量。

尽管有很多困难和困惑，华主任最终还是爱上了这份工作。"我出生在农村，工作在农村，曾经很不喜欢做农村的工作，可现在却深深地爱上了乡建。桃源村工作的三年我突然发现，过去只能在领导讲话和各种文件中出现的'群众威信'四个字，在桃源村竟成为了现实。"华主任此番发自肺腑的讲话，得到了与会者的广泛认同。

政府在乡村复兴上起重要作用，在国际上其实也是惯例。来自泰国朱拉隆功大学的 Siriwan Silapacharanan 教授，在一个名为安帕瓦的河滨小镇做过长期的实践。这是一个由泰国国王支持、各级政府与学术组织共同合作的项目，参与方包括泰国国家资源和环境保护署、察帕坦基金会、一个大学的建筑系、安帕瓦镇政府以及安帕瓦所属的省级政府。"经过 12 年的努力，安帕瓦成为一个令人瞩目的旅游胜地，并于 2008 年获得联合国教科文组织亚太遗产奖。"

政府还有一件事是应该做的，那就是为乡村事业的"领头人"回归乡村创造条件。西河村合作社的理事长张思恩，在北京通过多年打拼已拥有一番成就，就是在新县政府领导的鼓励下回到西河村的。在返乡的两年时间里，张思恩和村干部一起，带领村民完成了一系列工程项目，为西河村的建设做出了很大贡献。

在乡村如何做公益？

至少在相当长的时期内，乡村复兴的事业将会一直保持着文化和公益属性。这也是论坛的五个主办方中有两家是非政府组织、两家是学术机构（组织）的原因。但是，在乡村做出有效的公益并不是件容易的事。几位论坛演讲者从不同角度分享了他们的公益经验。

中国扶贫基金会在乡村有多年的公益事业经验。刘文奎秘书长认为："农村可持续发展一定要跟市场对接""跟市场对接的关键在于产品和服务""我们发现村民单家独户的生产方式既解决不了规模和效率问题，也解决不了质量的问题，所以需要成立合作社或者股份公司合作经营。"扶贫基金会探索了两个项目，一个是美丽乡村，一个是善品公社，前者适用于资源禀赋有利于于做乡村旅游的村落，后者适用于广大的乡村。

像四川雅安的雪山村，背靠优美的山川，利用地震灾后重建的机会，发展起乡村旅游业。"让所有村民都参与进来，把我们的捐赠资金量化成村民人人有份的股份，用最简单的方式把村民的积极性调动起来，让他们共同关心和参与村庄的建设发展。"

"善品公社是我们的电商扶贫项目，也是以合作社为基础的""目前的市场环境下，农产品的定价机制让农民们无路可走，层层的批发，层层的压价，作为市场定价机制中最没有话语权的农民拿到的钱是最少的""农民生产出来的东西得不到市场认可，也没有给予他们合理的价格，从而导致低质和低价一直恶性循环""善品公社就是以合作社为基础，解决效率、品质、品牌的问题，突破农产品电商的三大瓶颈。第一，提高生产效率，扩大生产规模，保证满足市场的需求量；第二，建立我们的品质控制体系，让农民互相合作，形成利益制约的机制，使得每个人都不敢违规操作、生产违规农产品；第三，我们以品质为基石向渠道授权，形成统一的善品公社品牌为合格的农产品提供销售平台。"

来自爱心基金会的翁永凯女士，先是从全民健康的角度分析了中国当下的现状："什么是健康？健康不仅是指一个人没有疾病，更多是强调心理、生理、和社会的适应""至2014年底，中国60岁以上老年人口达2.12亿，占总人口15.5%""2010年末中国残疾人总数达到8502万，占人口比6.2%""2014年不孕不育症患者达5000万。另外，中国的烟民超过3亿，2005年因吸烟付出的总经济成本达3000亿"。之后，翁女士简单介绍多家机构在新县联合开展的健康教育活动："新县干部和村民从始至终是主体，政府机构、学校、企业、专家组和一些NGO组织也参与其中，目标就是倡导把健康融入所有政策，以新县为试点，来探索构建以家庭和社区为基础的全民健康预防体系，以及以政府主导、多部门协作、全社会参与、全民动员、多元互补的大健康机制。"

梁红云女士所在的NGO——农家女，是翁老师说的十几家机构之一。他们选择了西河村作为妇女健康教育的切入点。"我们在西河做了这样一个理念，就是从妇女健康开始推动家庭健康，从而带动整个社区的健康。健康一个妇女，就是健康一个家庭，健康几代人。"农家女走访了西河的11个小组，通过座谈了解他们的需求。"他们跟我们说的第一个不是健康，是想挣更多的钱。这就跟我们的工作有了冲突。怎么办呢？我们制定了'健康＋经济＋旅游'一体化的方案。"西河村停车场旁边的一家人，男主人已经50岁了，还打算跟老伴一起去南方打工。"你们家有这么好的位置，为什么还要外出打工？我们对这家人进行了针对性的指导，让他们开起了农家乐。他们铺的床和叠的被子不符合我们对农家乐的要求，我们就一点一点给他们指导。现在这家人的月收入已经过万。"又比如西河村妇女主任邹海燕，"她帮我们组织村民们来接受培训。一开始很少人愿意来，还要求给误工费，弄得她自己很为难，但是坚持把几次活动办下来之后，村民们觉得有收获，从十几人增到几十人，最后到一百多人。她现在是民宿酒店的主管，得到了合作社领导的一致认可。"梁老师还顺带着"表扬"了粮油博物馆："就在这个大厅里，我们开展了各种健康知识的讲座。这个大厅发挥了大作用。"

来自四川绵阳的邹莉莎女士，在北京绿十字的支持下搞起了别有特色的"农妇培训"。她的目标是"把农妇培训得更像农妇"，与绿十字的口号"把农村建设得更像农村"相得益彰。"对美、对土地的热爱是每个人都有的。我们从妈妈身上传承了文化，传承了家族的修养，所以妈妈是一个家的魂，农妇也是一样"，"其实每一个农妇都不丑，稍经打扮她们就会容光焕发，主妇漂亮了院子就会漂亮，再加上设计师辛苦打造的建筑，乡村就会更美。农妇不是一个贬义词，她可以很骄傲地讲：'我就是一个农妇，我有地有院有山有水，城里人有吗？'"邹女士的农妇培训做得卓有成效，每年三月村里是最忙的，要忙春种，要忙旅游，所以一般情况下三月份不做培训，但却有很多人在等着她们开班。

SMART 的王旭秘书长，以组织国际学生竞赛的方式，实现了为乡村"筹智"的目标，可谓是独辟蹊径。"我们在雅安组织了一个全球设计竞赛来解决问题，参赛的团队大概有 1000 多个，共设计 300 多个作品，我们选择其中优胜的 36 个团队作为志愿者参与到这个项目的设计中去""在搭建小模型时，村里的小朋友也不去打游戏了，都来跟着哥哥姐姐一起玩。这是一个深度交流、互惠共赢的过程。"

人民大学的郐艳丽老师结合自己的教学工作，在阿胶产地的一个村子里进行了长期的规划落地跟踪。郐老师将她的工作总结为四大原则——农民主体、企业投入、大学加入、政府介入，这和四大策略——产业跟入、技术导入、文化植入、观念引入相匹配。"当时在选择这个村庄的时候，发现它有乡村精英，有产业基础，不用大拆大建，民风尚存。在完成这个物质性空间建设规划后，我们对实施过程进行了跟踪、参与和指导，促进传统的乡村建设规划和制度性的设计结合，发现乡村规划的本质是公共政策。同时，依托这个乡村建立了中国人民大学乡村规划研究与教学实践基地。""具体分工是界定政府是乡村基本公共服务的提供者，规划师和建筑师在里面起到的角色是长期服务者，企业是农民增收的促进者，农民是乡村建设的主体和利益享有者"。

郐老师的这些工作方法是基于她对中国乡村社会的历史研究而制定的。"皇帝的治国理念如何传递到乡村？科举制度、告老还乡制度起到了把皇帝的思想传递到中国最底层的作用，也建立了城乡人才流动的良性循环机制""自治制度是最低成本的社会运行制度"。

郐老师还预测了未来的乡村社会结构："未来会有四类人会成为乡村的主体：一是原来的种田能手；二是衣锦还乡的年轻人；三是告老还乡的中产阶层；四是原有的农民""乡村功能也在发生变化，原来的农副产品提供功能变成现在的乡村生态维护、旅游服务、文化传承、绿色健康食品提供等多重功能，这使得中国的乡村发展路径和手段变得更加多元。"

在乡村公益领域，北京绿十字是近十几年来最有工作成效的机构之一。绿十字在豫南鄂北地区开展的一系列项目，包括郝堂村、堰河村、桃源村、樱桃沟村等村落案例，以及新县的全县域规划，都获得了相当程度的成功。机构创始人孙君老师在论坛上做了题为《我心中的中国》的演讲："乡村建设的第一步是盖房子、搞农家乐，乡村建设的第二步就是信仰，这可能是乡村建设更深的问题""现在人们的生活有两个变化：一个是中堂，一个是书房。""今天我们把中堂丢掉，变成了什么？变成了电视背景墙，我们把最神圣的东西变成一个娱乐墙，所以我们很容易没有家庭责任感；再说书房，中国人向来是一个文明之国，每个家庭原来无论穷富都会有书房，而我们今天的书房变成了麻将房，这对中国人来说是致命的一击""农民以村为天，以田为地，人有谱，家有祖，族有祠，村有庙。农民是独立的小农经济，而且集体精神很强""农耕文明就是种田、田人合一、传宗接代、建房筑祠。""乡村建设的本质是要由农民参与。种田是乡建的目标，有农民、生活和生产才叫村庄。"

先生活后生产，是孙君老师一直强调和遵循的乡建理念。很多人无法理解这个理念，因为这和我们所熟知的市场观念实在有距离。然而，正是秉承这一"非市场"的理念，绿十字这些年来做成了一个又一个项目。原因何在？或许，恰恰是因为我们每个人在市场机制的驱使下，都已经或正在变成失去自我的"零件"，越来越过上一种机械化的生活，这就使得那种有文化品味的、不必为现实压力所迫的生活越来越成为人们的梦想。当现实世界中真的出现这么一种梦想的生活时，就成为人们追逐的对象。孙君老师在为他的项目所在地设立生活的方向，而不是赢利的目标时，也就等于为村民们和政府官员们设立了一道市场的防火墙或缓冲池，使大家不要紧盯着风险较高的短期生产行为，而是以缓和的心态去寻找生活的本原。这样一种心态，正是市场上最大的稀缺品。

各界专家齐聚乡村复兴论坛

怎样设计才起作用？

在乡村做规划设计，很多专业人员会遇到方案无法付诸实施的尴尬。孙君老师为此就有"乡村规划、落地为王"的论断。为什么有的设计师就能够实现落地呢？是不是他们有什么诀窍？论坛特别邀请到几位在乡村有落地项目的设计师来分享了他们的"落地"经验。

开幕式之后，DnA工作室的创始人徐甜甜女士介绍了她最近两年在浙江松阳县做的几个项目。"我们主要是从公共建筑的角度切入到乡村建设的。第一个落成的项目是在大木山茶园里的一个小竹亭。这个竹亭很受欢迎，很多人来到茶园，一定要到这里拍照留念""游人多了之后，景区管理中心就希望能建一个茶室，让大家可以坐下来喝茶，同时也能带来一些经营收入。这是一个400平方米的建筑，在茶园中心的一个水库边上。我们的设计是要形成一个透明得像茶一样的空间。"大木山茶室在建成后，很快就成为媒体和公众关注的焦点。"一条"网站为大木山茶室制做的视频，上线三天的浏览量就突破150万。

在乡村做建筑，经常要面临不可预知的状况。"唯一的办法是多呆在现场，我们有一个驻场设计师，每天生活在施工现场，大概有半年时间"，徐老师如是说。

来自香港大学建筑系的王维仁教授为我们分享了他在香港新界和浙江松阳的项目。香港新界的菜园村，因修建地铁的原因要搬迁。村民们有的不愿意搬，做了一些抗议活动，一度成为比较大的社会事件。"村民后来知道动迁是必需的，就用积蓄和赔偿款买到一块耕地，进行建村希望继续生活和耕种。他们邀请我去帮忙规划和设计。""我根据村民不同的需求来设计不同的平面，也设计了一个'居民住宅完全手册'。我们把房子的模型用效果图画出来，居民的兴致都非常高，感觉像是要买豪宅""在2011年的香港建筑双年展上，我们和村民在九龙公园用轻钢结构做了一个生态亭，里面有太阳能板和环保瓶再利用，还示范了雨水和一些材料的收集再利用。村民们参加完建筑展览都非常骄傲，积极地加入了生态亭的建设。展览结束后，我们也把生态亭搬回了村里，希望启动第一个公共空间，使大家产生了经营未来环境的想法。"

在浙江松阳县的平田村，王维仁老师的任务是把一个老四合院改造成餐厅。在这个四合院的左手侧附属部分，王维仁老师用了一点现代建筑手法。"房子建成以后，角窗的楼上部分成为一个可以观景的小茶室，角窗的楼下部分变成一个小的图书室。在原来老房子的基础上，我们新加的一部分厢房，尝试用轻钢架做结构支撑，但上边的檩条依然保留原来的木头，中间形成一个小院天井。小院里有一个小鱼池，配合挡土墙的叠石，加上白粉墙和木质隔扇窗，表现出一种江南园林的趣味"。这个小小的处理，为封闭的四合院注入了开放的因素。

有不少村民参与了四合院改造的工程，这让王维仁老师倍感欣慰。

西河粮油博物馆的主设计师是中央美院的何崴老师，他认为："在乡建过程中建筑师的角色正在发生非常大的转变。以前建筑师可能只用做建筑专业的事情，现在他不但要做建筑，可能还要做很多原来不归他管的事，比如帮村庄做产业的规划，充当义务的宣传员等。建筑师角色的转变，随之带来的是乡村建筑设计模式和思维模式的改变。"何老师在为西河村设计粮油博物馆期间，"做完室内，再做展陈，然后做品牌的 LOGO、包装……乡村没有那么明确的设计的边界。"

何老师用"弱建筑"的这个词来概括他的乡村建筑作品。"'弱'其实是一个多元性的，或者是超出建筑范围的、模糊的概念。"何老师在浙江松阳县的平田村为一个老夯土房做设计，外观保持不变，里边按青年旅社的功能进行改造，但在投入运营之后，青旅变成了亲子旅店，很多人带着小孩来住。这种变化是设计人和业主事先都没想到的，但却是一个积极的变化。

何老师在乡村做设计的另一个大体会是"向传统学习，向地域学习，向工匠学习"。这可不是一句口号，而是有现实意义的。在西河餐厅的西侧山墙，"我们借鉴了当地的砖花方式，但对其进行了改良，设计了一个六角形的镂空砌花墙。在设计的时候，我们也担心它无法完成，但当地工匠张思齐把它完成了。张师傅完全是靠手艺、靠手对力量的掌握完成的。作为设计师，我很敬佩他，因此也在今年设法把他请到了威尼斯双年展上，并在威尼斯砌了这堵墙。这件事给了我们特别大的启迪，建筑师不能以一种高高在上的态度和当地人打交道，彼此应该平视"。"我认为在农村建房子，50% 看图纸，30% 建筑师到现场调，20% 可以让农民自由发挥。这 20% 有可能是痛苦的，也有可能给我们带来非常大的惊喜"。

出生于苏州，现在在上海工作的宋微建老师，是新县丁李湾村的规划主持人。他的演讲题目是《乡建与园冶》。《园冶》是中国园林的一部经典著作，和乡村会有什么关系呢？宋老师举了一个"暗槛"的例子，说明园林的手法在乡村里也可以应用。水塘、溪流等水元素，是很多乡村景观的重要组成部分。在传统时代，村民们并不需要栏杆。但是在规划专业进场之后，就不得不为安全考虑，于是很多地方就加上了栏杆。可以说，几乎没有一个村庄的栏杆加得好看的。所以宋老师就用了"暗槛"，也就是沿水岸再增加一层在水面之下的石岸，"这样小孩掉到水里也沉不下去"。宋老师还总结了乡村与园林可以共通的四个手法——屏、曲、借、寄。其实这些都是中国传统美学追求的意境，乡建特别是传统村落，应回归到旧时的那个年代来做审视，不能生搬硬套现代和城市的元素。

远方网的陈长春先生，在北京延庆山区进行了"民居最小化改造"的实验。这个项目叫"山楂小院"。这是村里长期废弃的一个院落，院里只有一排三间的正房，外加一棵山楂树。改造的技术原理是做一个有现代化洁具和卧具的"盒子"装进老房子里，这样就避免了很多处理老墙体、老梁柱的麻烦，大大降低了时间成本和经费成本。这一技术手段，对于很多非文物类的民居是有推广意义的。

乡村旅游是什么角色？

在目前阶段谈乡村复兴，旅游似乎总是一个绕不开的话题。复旦大学的杜晓帆教授发出了这样的感慨："现许多乡村建设的案例给我的感觉是乡村的复兴和保护好像只有旅游一条路，离开旅游我们似乎就无路可走了。不过是不是所有的乡村都可以做旅游？"

杜教授见多识广，还真给我们举了一个不喜欢旅游的案例——韩国的良洞村。"由于村民信奉儒教，所以比较传统，同时对商业不是很积极，喜欢过安静的生活。村里的人并不喜欢大量的游客，大多数村民在院门口挂起黄牌，声明这是自己的私人住宅，请勿打扰。村里面没有什么经营活动，也很少能够看到村民，明显可以感觉到村民对游客抵触的态度，有些村民甚至后悔该村子成为世界遗产。"

良洞村的状态确实令人赞叹，她表明村民们是发自内心来做主动保护，而不是为了追求经济效益。就文化遗产的原真性而言，保留原住民、严格控制游客量是必要的。最理想的保护或许是"标本式"——除了前来考察体验的访客本人之外，村里没有其他游客，但是有足够数量的原住民，而且还在以传统的方式过着生活。这样的村子，对于遗产事业尚处于教育普及阶段的国家来说似乎有点奢侈。很多时候，遗产保护的成本非房主本人所能独立承担，还需要政府和社会机构的投入。韩国政府在申请世界遗产的事情上，一直有很高的积极性，相信在良洞村的申请和保护上也投入了相当多的资源。这样的文化遗产在某种程度上就成为了公共产品，需要它去承载一定的社会公共价值。承载的方式通常是要对公众开放，让国民们来学习、了解和体验文化遗产，在提高公众遗产保护观念的同时，加强民族认同感和提高文化知识水平。从这个角度讲，遗产地的公共效益就等于参观人数乘以每个人的学习效果。因此，参观量也就是游客量，是其公共效益的一个重要指标。当然，过多的游客和不当的旅游行为对于遗产地本身又有伤害，而且某些伤害还是无法逆转的。当事情发展到这个地步，旅游和保护实际上是双输的，哪怕是短期内旅游市场还会继续繁荣一段时间，但从长远来说公众一定会将此类遗产抛弃。我们需要在遗产保护允许的承载度之内，设法提高每个参观者的学习体验效果。当我们开始往这个方向考虑问题的时候，就涉及文化创意在遗产保护中所发挥的作用了。

同样是参观，无组织和有组织在效果上也是差别很大的。有组织的参观，对参观路线、节点信息都有详细的规划和设计，还要培养一批讲解员，对团队游客做专业讲解。可见，有组织参观的成本要远远高于无组织参观，很多遗产地在保护工作开展的初期其实无力承担此项成本。另外，有组织参观对讲解内容的设计和对讲解员的要求，也是相当高的。讲解得好，大大提高了学习效果；讲解得不好，就会让参观者觉得浪费了时间，还不如回到无组织参观。无组织的参观，完全依赖参观者的自我学习，这种方式的好处是参观者拥有充分的自由，但也纵容了人们的懒惰天性。自律高的参观者，会事先搜集资料做功课，到现场后再翻出文献做比对式阅读，事后还会做总结分析，从而获得学习的最大效益。这实际就是参观者在自我进行有组织参观。选择这种方式的人，现在越来越多，表明参观者的素质正在提高。Lonely Planet 系列的导游书这些年大行其道，与这种参观旅游模式的普及有很大的关系。但我们必须认识到，目前在中国能够进行自我学习的人毕竟还是少数，大多数人仍然更适应有组织参观。而且，看上去是无组织的自我学习，其实背后也是有一套"有组织"在做支撑的。首先是有人写出了好的导游书，这本身就不是件容易的事，它要求前期有人进行深度的、高质量的研究；还得有人用深入浅出的方式写出科普读物，这更不是件容易的事。另外，现场得有清晰完整的标识系统，不然参观者连书上讲的节点在哪里都找不着。

参观的文化体验感还属于浅层次的。比参观更深一层的是餐饮和住宿。基本的餐饮住宿实现成本并不高，甚至要大大低于有组织参观。法国在二十世纪五十年代开始做乡村复兴的时候，就是从马厩改客房做起的。我国十几年前兴起、这些年仍然在流行的农家乐也属于此类。在遗产保护程度高的国家，尤其是那些非纪念碑式的文化遗产里，餐饮和住宿功能的植入也是很重要的部分。这不但是为了提高经济收入，更重要的是可以让参观者有更美好、更深入的文化体验。然而，把餐饮、住宿功能植入文化遗产，对保护工作的挑战往往也是巨大的，需要有精准到位的规划设计，还经常需要有创意的策划，更需要有能理解这些设计的服务运营人才。普普通通的设计，可能会对遗产本体造成过度破坏，还无法给人留下深刻印象。

比农家乐更高级的餐饮住宿，大概可以归到文化创意行为之列了。乡村里的文化创意行为还有很多，比如纪念品设计、动物饲养、植物认知、蔬菜水果采摘等。台湾民宿协会秘书长李青松教授总结台湾的乡村旅游发展："除了简单的食、住、行、游、购部分之外，还有历史、文化、自然以及艺术作用，和五官带来的体验""乡村旅游与传统的大众旅游和团体旅游不一样，它必须要有故事性，由当地人讲述当地的文化，让都市人能够去接受它，认同它，喜欢它，而绝对不是反过来满足游客一些其他需求来破坏乡村文化。因此我们看到了创意生活产业，台湾虽然不大，但是台湾的北部、中部、南部各有不同的地方文化，包括闽南文化、原住民文化、客家文化、外省文化等。"

在本地村民中发现并培养出好的讲解员，也应该算文化创意行为。因为在本地出生和生长的村民，拥有外请专业人员所没有的本地生活经历，而如何深度挖掘和有效呈现这样的生活记忆并不是件容易的事。本地化的记忆是不可传递或复制的，但也正因为长期生活在其中，使得村民们通常对身边的事物熟视无睹，甚至麻木不觉。本地村民要想成长为好的讲解员，既需要站在自我的角度，"重新发现"自己从小生活的自然环境和社会环境，也需要站在他者的角度，了解什么样的故事和什么样的知识是对外人有意义和有吸引力的。

来自日本东京，在中国生活了十多年，并且在中国多家企业和八个大学工作过的德村志成教授，从学者和经营者的综合角度分析了乡村旅游："文化、生活、纯朴、自然，这是乡村最珍贵的资产""乡村旅游的最大特点在于大范围的感受，小范围的体验，感受到天人合一的共生、和谐。我认为乡村是个值得细细品味的地方，乡村旅游休闲应该设想让旅游者慢游、慢赏、慢品、慢学、慢聊。""因为旅游者慢走、慢游、慢看，慢聊、慢品，最后会变成常想、常来、常看、常聊、常品、常住，甚至于长住，只有如此的乡村旅游发展，才有可能创造良好的循环作用和为乡村旅游发展创造经济效益""用心服务应该分为静态和动态两部分。静态的部分是用真心、真情、真意服务客人，用善心待远方的客人，这是一个乡民应该做的事情。动态部分就是要学会充分利用乡村里的所有题材，包括人、事、物，作为策划者的作用就是将这些动态展现无遗。"德村教授认为，乡村旅游战略中花钱最少、效果最好的就是服务战略。他在演讲中还为新县量身定做了一个响亮的宣传口号："产品靠新鲜，新县产新鲜"。

来自美国的 Patrick McMillan 先生，从遗产旅游体验的角度作了分享："在得克萨斯州的大春城（Big Spring city），我们让本地人讲述这个乡村自己的故事""围绕故事，我们和当地人一起做了很多手记、服装，之后当地人就开始进行角色扮演，他们会在当地的酒店中穿着五十、一百年前样式的衣服，和酒店的客人进行互动。这非常具有当地的特色，也会给客人带来惊喜。""我们做过一项统计，人们听到的东西只有 10% 能被记住，看到的东西有 30% 被记住，做的东西却有 90% 可以被记住。也就是说，做的东西总是比看的东西更令我们印象深刻。这就是为什么我们需要通过互动来刺激游客的感官，调动他们的积极性。"

Patrick McMillan 先生还提醒我们："对于游客来说，一切都可能是非常新奇的，甚至我们用地方话说一句'你好'，对于游客来说都是特别的经历。"

SMART 秘书长王旭用智能手机来比喻乡村建设："如果这个手机没有苹果 Store，没有 APP，没有平台的搭建，这就不是一个手机。乡建也是如此，我们要重视硬件和软件的配合，甚至有时候是软件先行，然后用相应的硬件来支持它。""还包括户外冒险公园、森林探险乐园等也是一样，只是通过筹智、筹人、筹钱打造项目，但这样反而能打造成一个更长的消费链。它是传统乡村开发的解药，不需要你有大量的成本投入，但能收到非常好的传播效果。"

具体到中国的现实，有一个矛盾的现象经常困扰从事乡村遗产保护的实践者，那就是村民主体和运营服务的关系。长期的城乡二元社会结构造成乡村在基础设施方面远远落后于城市，生活方式上也产生了很大的差别。正如德村志成教授在演讲中指出的："乡村旅游发展迅速，村民作为乡村的主角地位也渐渐受到了外来移民的冲击，有时会出现主客不分、主客难分、主不随客流、客不随主便等问题。"

如何处理甚至化解此鸿沟，论坛上几位演讲者从不同角度分享了他们的经验。

远方网的陈长春先生在论坛上分享了几个他本人的案例。第一个是蒲洼梯田酒店。蒲洼是京西山区的一个村子，当地村民们搞乡村旅游，投资建设了一批小木屋，以"山顶小木屋"的名称对外营业。远方网入场之后，结合山村所在地形重新取名"蒲洼梯田酒店"。很多客人就是被这个名字打动，需求量大涨。第二个案例是密云县干峪沟村的"山里寒舍"，这个项目是当地一家企业和村民合作社联合运营的，房价400元一晚，入住率一直比较低。远方网入场之后，制订了专门的推广文案，尤其突出了"星空"主题。一位年轻妈妈抱着宝宝、手指满天星空的照片，很快打动了都市白领阶层。从此山里寒舍的房价从400元提高到了1800元，周末还要提前两个月预订才有房。第三个案例是延庆下虎叫村的"山楂小院"。这个项目可以说是陈长春先生将他多年来的乡建经历和线上旅游相结合的一次深度探索。山楂小院的运营模式是这样的：远方网成立的平台机构负责设计、培训、管理和营销；业主只需要提供房子和维修；村里的另一家人，在接受平台培训之后，成为院子的管家；村集体再成立一个合作社，负责维护村庄秩序、环境保障和应急处理等；分利模式是平台占35%，业主占30%，管家占35%。

我本人在2016年初的一个雪后晴天，去山楂小院体验过。这次体验令人印象深刻，我认为山楂小院在管家培训上所做的标准化、最小化的尝试，对于目前乡村的现状具有针对性。在管家培训上，山楂小院花了相当长的时间，只让管家做好最基本的几项服务，比如早餐只提供一碗小米粥和几个花卷、午餐只提供一碗面、晚餐只提供一顿豆腐火锅。他们还花了两三个月的时间，试验了上百次山楂汁和冰糖的配比以及熬煮时间，终于做出了"世界上最好吃的山楂汁"。

陈长春先生总结山楂小院的商业模式："投资者要尊重每一个人的利益，让每一个人有利可图，而又不能唯利是图，这就是合作社的重要性。请尊重农民的一切，包括他们的狭隘与胆怯，因为所有的压力到最后都会落在这个主人身上。""乡村是一场关于真、善、美的生意。"

来自浙江临安旅游局的帅建筑局长分享了临安乡宿的经验："乡宿是谁投资的？大都是工商资本投资的；乡宿是谁设计的？大都是专业设计师设计的；乡宿是谁经营的，大都是回乡创业人员经营的。那么原来的农民做什么？农民做房东，并成为乡宿从业人员，不过还是做他们原来做的事情。这是一种什么模式？我认为，这是一种共建共享的乡建模式。""临安乡宿的三种类型：乡宿村落、乡宿部落和乡宿院落。""第一个事例，农村基层干部的变化很大，乡村要复兴，农村干部是中坚力量，一定要让他们崛起；第二个事例，农民是农村的主体，一定要让农民回归主业，农民要成为乡村复兴的主体；第三个事例，大学生、在外创业人员回乡创业就是新乡贤，农村需要新乡贤，新乡贤的诞生是中国乡村复兴的希望所在。"

来自湖北堰河村的闵洪艳书记分享了他们十年来的经验："我认为要建设和发展乡村，首先就要改变老百姓的观念，观念跟上了，发展也就容易了。""一个小小的垃圾分类就促成了我们茶叶和旅游两大产业。目前，村中有1000多亩茶园，3000多亩生态林""同时，我们每个月都有一些节庆活动。农历三月三村里会庆祝道教真武大帝的寿诞，4月28号会举办茶艺大赛暨乡村旅游节。乡村旅游就是要不断地办活动、办节庆，所以现在每到星期天，堰河村的游客都是满的。乡村旅游的发展给农民带来了一条增收的渠道，我们有40多家农家乐，有搞养猪的、养羊的、养牛的，还有就是种茶的。我们每一斤茶都要比其他地方的茶价格高几十块，为什么？因为是有机生产和无公害化生产。"

来自湖南花垣县的龙秀林先生，是苗寨十八洞的工作队长。2013 年 11 月 3 号，习近平总书记视察十八洞，做出了"实事求是、因地制宜、分类指导、精准扶贫"的指示。"如何建设十八洞村，是省、州、县领导重视的课题。单纯投资钱容易发展成堆积资金，可不投资钱怎么发生变化？我们认为十八洞村的发展只有'统一老百姓的思想，激发他们的内生动力，让老百姓参与精准扶贫'这条路可以走了。通过短短两年时间，在投入很少的情况下，十八洞村已经发展成了中国乡村旅游最火爆的村庄。"十八洞是怎么做到的？龙队长介绍了他的"113 工程"——10 棵冬桃、10 棵黄桃、300 条稻花鱼，每家每户全覆盖，225 户家家都有。"我们不卖桃子，我们卖的是桃子的采摘权。一棵树的采摘权卖 418 元，其中 300 元给到农户家里，剩下的 118 元是十八洞电商管理平台的管理经费。""第二笔收入，桃树开花结果的时候，荣誉村民们从手机上看到了，就开着车带着朋友来到十八洞。""第三笔收入，来自对接放心食品的平台。十八洞村县城的荣誉村民从贫困户家里源源不断地购买米、菜，土鸡、土鸡蛋、腊肉等"。

理论研究有何意义？

作为一个以实践为主的行业交流大会，理论研究并不是本次论坛的重点内容。不过，缺少了思辨性研讨的会议，总归是缺乏深度和方向引领的。正如杜晓帆老师所说："今天的人之所以比五千年前的人聪明就是因为知识的积累，我们不可能向未来学习，想进步就必须借鉴于历史，文化遗产是我们学习古人智慧的一个桥梁，所以需要保护。"组委会也邀请了一些学者，就乡村复兴的学术性问题进行了探讨。纵观这些学者的演讲内容，可以发现它们分为两条主线。

第一条研究主线是围绕历史信息的真实性。来自美国得克萨斯大学安东尼奥发展研究中心 Anne Toxey 研究员，在意大利的马泰拉岛为窑洞民居做过修缮，"曾经尝试使用混凝土，后来发现混凝土不像石灰可以呼吸，因为不透气，时间长了就会脱落"。主持马泰拉项目的意大利遗产专家 Pietro Laureano 先生经过研究发现，这里的石灰是用附近的火山灰做的，"火山灰吸收过多的水汽，在干燥的时候可以把水汽释放出来""于是我们就培训工人，以传统的方式来修缮房屋"。

云南昆明理工大学的朱良文教授是一位资深的民居研究和保护专家。最近几年，朱老先生在云南元阳县的哈尼梯田世界遗产地里，开展了"哈尼族民居低端改造"的实验。"什么是'低端'改造？就是在低成本的前提下，采用乡土技术，运用地方材料进行改造。这样当地老百姓能够自己做，或跟着我们做。"

哈尼族的蘑菇房是人畜混居的，一层养牛，二层住人，三层阁楼放粮食。人畜混居不利于健康，应该分开。笔者几年前在同一个地方，由于申请世界遗产工作的需要，做过这方面的试验。当时我们采用的方法是把蘑菇房的构架整体抬高，同时也把石棉瓦顶改回了茅草顶。这是一个一举多得的方法——实现了人畜分离、增加了使用面积、保持了传统外观，但成本也是比较高的，因此我们也只是拿了三户来做试验。朱老先生接手此项任务之后，要设法大幅降低成本。他经过反复思考，终于找到一个相当巧妙的方法——在层高只有 1.8 米高的一楼，躲开墙基和柱础，沿中间开挖一条 1 米多宽、60 厘米深的走道；在走道上人可以站直身子、自由行走，而走道两侧就类似于"炕"，人可以直接坐在上面，摆上简单的家具，这里就成了喝茶聊天的场所。

不过，即使有了这样巧妙的方法，村民们也并不会马上接受。为了说服村民，朱老先生向所在研究所打了报告，由所里出钱实施这个方案。因为是研究所出的经费，这户民居就成了研究所的驻场工作站兼青年旅社，"三层原来是一个粮仓，现在是通铺，有 12 个床位，实习的青年都可以在这里住。外面有一个天台，非常好，白天看风景，晚上看星星。我们预计三年之内就可以收回成本"。朱老师说："该项目完成后我们收获了很多。首先，是取得了当地领导的信任。过去'美丽家园'的做法比较注重建筑外观，内部基本不动，而我们恰恰相反，外貌基本不动，内部进行改造，现在得到了领导的认同，我们的话语权更大了。第二，提高了老百姓对自己民居价值的认识。原来他们总想拆掉重建，现在知道也能改好。第三，改变了我们的感情与工作方法。我们的老师、研究生，包括我自己，现在对农村的认识有了一个很大的改变，我们在初步探索着村寨规划设计与实施的一体化。"

研究的第二条主线，是聚落和人的关系。Pietro Laureano 说："二十世纪五十年代意大利政府迁出了马泰拉岛窑洞里的所有居民，并在附近给他们建了新的住宅，从那以后我们就开始考虑，被遗弃的窑洞是不是应该要做一些更新和改造？"在 Pietro 看来，只用来参观的马泰拉是不完整的，"联合国教科文组织的遗产概念是不断演进和发展的，景观不光是天际线，景观实际上是一个社区的概念，充满了居民。居民和他们所居住的建筑共同构成了景观。"

来自法国的 Yves Steff 在罗纳尔河边的一个产盐小镇格朗德做过保护规划。"我们在做现场调研的时候，当地老百姓就非常感兴趣了。通过我们的研究，他们知道自己住的房子有什么历史，背后有什么样的故事。了解这些之后，他们就会希望去保护自己的家乡。"

美国加州大学洛杉矶分校的 Dell Upton 教授从美国历史中搜寻了乡土遗产对美国的意义。他的主要观点可以概括为：一、十九世纪是美国民族主义觉醒的时期，当时的人们对古老的民居——尤其是像哈斯布罗克这样的名人故居（该建筑曾是独立战争时乔治·华盛顿的指挥所）产生了浓厚兴趣，同时也认识到这些建筑事关美国南北战争、独立战争的历史，从而具有重要意义；二、在二十世纪二三十年代，美国经济出现大萧条，这时"人民"的概念出现而且凸显，导致媒体和公众给予乡土建筑极大关注；三、同样是在二十世纪二三十年代，美国人民开始"厌烦"工业化批量生产出来的、低质量的住宅，他们怀念工业革命之前的乡土生活，从而希望从乡土建筑那里找回传统和自然；四、大约在二十世纪初，长期不断的移民涌入使得那些已经自视为"本土人"的早期移民，开始更为重视他们的传统，希望以此来巩固原有的价值观，以抵御移民带来的文化冲击。

Dell Upton 教授的演讲尽管没有涉及乡村复兴的操作环节，但是他对乡土遗产在"美国性"上的梳理与挖掘，对于我们树立起遗产保护的价值观是特别具有借鉴意义的。笔者认为，相比于《威尼斯宪章》所强调的"历史信息"原则，遗产在国民性塑造上的作用是更为基石性的。

乡村复兴论坛现场

结语：未来是什么？

"当我们面对三农问题和乡村建设的时候，把问题变成希望，我们的心自然就摆正了。"用孙君老师的这句话来做本次论坛的总结，是最恰当不过了。我们相信，在可以预见的未来，中国政府会在乡村投入越来越多的资源，这是国家实现城乡再平衡的战略，也是保持乡村作为社会发展"稳定器"的需要。我们也相信，通过一两代人的努力，乡村将会实现文化上不同于城市、宜居水平不亚于城市的生活环境，这不但是中国步入中产阶级社会的市场诉求，也是从农耕社会走来的中华民族保持文化认同的心灵丹药。

目录

序

乡村·政府

一

乡村复兴——安静、尊敬、干净、路径

吕旅
中共河南省新县县委书记（时任新县县长）

三年前，我们会同北京绿十字、中国扶贫基金会、中国古村落保护与发展专业委员会，发起了"英雄梦·新县梦"规划设计公益行活动。记得当时和北京绿十字的孙君老师商谈活动主题时，我提出了"故园梦"，孙君老师指出"故园梦"其实就是"新县梦"的一部分。那么，我们为什么把这次活动的主题最终确定为"英雄梦·新县梦"，主要有这样一些考虑：新县是一个革命老区，是坚持大别山28年红旗不倒的中心地，革命战争年代，不足10万人的新县，为新中国的成立献出了5万5千名优秀儿女的生命，可以说家家有红军、户户有烈士，山山埋忠骨、岭岭皆丰碑。这些先烈和英雄们的梦想，就是要让人民翻身得解放，过上幸福的生活。同时，新县也是一个国家级贫困县，三年前，全县有73个贫困村、4.16万贫困人口，到目前为止还有42个贫困村、2.37万贫困人口。这些贫困人口大部分都是因病、因灾、因事故致贫或返贫以及无法外出的留守老人、留守儿童和留守妇女，其中有近 1 万人是需要政府兜底的特殊困难群体。让这些人早日脱贫，共同步入小康，是老区人民的共同心愿和梦想，也是县委、县政府的政治责任和政治担当。正因如此，我们把这次活动主题定为"英雄梦·新县梦"规划设计公益行。活动开展三年来，1000 多个日日夜夜，500 多名设计师、专家和志愿者，80 多家公益组织，带着对英雄的崇敬与怀念，带着对老区新县的关怀和关爱，围绕"一城三线"（"一城"就是新县县城，"三线"就是红色历史、绿色生态、古色乡村三条旅游精品线路），足迹遍布新县山山水水，把一大批精品力作留在了新县大地上。到目前为止，我们县共有 6 个村入选中国景观村落、8 个村入选中国传统村落、23 个村入选河南省传统村落。

所以，我想要和大家分享的，也是三年来和各位专家、志愿者、公益组织在一起参与公益活动的一些感受和收获，同时也是代表西河村的父老乡亲，以西河村名誉村长的角度，从安静、尊敬、干净、路径四个方面谈一些自己的看法。

"英雄梦·新县梦"规划设计公益行启动
（来源：新县人民政府）

安静——乡村复兴"热话题"下的"冷思考"

从1931年梁漱溟先生倡导实施乡村建设到现在，将近一百年，乡村建设一直是一个很时髦的话题，特别是党中央提出要让村庄望得见山、看得见水、记得住乡愁以后，在全国又掀起了新一轮的乡村复兴热潮，但在喧嚣热闹的背后，我觉得有几个问题，应该冷静的去面对。

第一个是如何看待"乡愁"与"愁乡"。2016年春节，"上海女孩逃离江西农村"的新闻火爆网络，这一方面说明很多人在关注着农村、担忧着农村，都有一份挥之不去的乡愁；但另一方面，我们也注意到，真正关注这些负面新闻的，大多是城里人，农民反而很少，所以说这份"乡愁"更多的是城里人的"愁乡"。那么，作为推动乡村复兴的我们，到底如何看待当前的乡村现状，到底如何在城镇化的大趋势下看待当前农村的现状？从城镇化的大趋势来讲，一方面大批农村青壮年离开农村，到城市务工、就业和创业，正所谓"70后"不想种地，"80后"不愿种地，"90后"不会种地，这种现状我们必须要客观面对；另外一方面，即使中国的城镇化率达到了90%，依然还会有近2亿人生活在农村，这才是乡村复兴面对的大趋势和农村现状。世外桃源式、田园牧歌式的农村，只能是记忆中的乡愁，而绝不是我们所面对的现实。

第二个是如何看待"被复兴"和"自复兴"。现在，地方政府、社会组织、工商资本、乡村能人都在关注乡村复兴，成为乡村复兴的主要推动力量。这些人掌握着绝对的话语权和资金的决定权，往往根据自己的认识和观点来推进乡村复兴，真正的村民反而成了"被代表"的一方。我们是否应该冷静地反思一下，就像袁家村支书说的一句话，"乡村建设完全靠政府靠不住"。而且我觉得乡村复兴单纯靠资本也不一定会永久可持续。那么对专家来讲，即使我们成长在农村，我们了解自己的父母，但真正了解现在的农村和农民吗？如果乡村复兴一直走"被复兴"的路子，而不是基于农村和农民的"自复兴"，那么这种乡村复兴的热潮，最终可能只是一阵风。

第三个是如何看待"保护"和"开发"。我觉得保护和开发并不矛盾，如果只谈保护不谈开发，让群众饿着肚子来保护学者和专家眼里的传统村落，完全是一厢情愿。如果乡村复兴只是为了留住城里人的乡愁，而不考虑群众的生产生活和脱贫致富，那么现在仅存的一点记忆中的乡愁终究也会消失。不开发只保护是一句空话，而一味强调开发不注重保护，无疑是本末倒置，最终开发也会落空。

西河：文化传承与融合
（来源：新县人民政府）

尊敬——乡村复兴的底线思维与红线意识

所谓底线思维，就是要保护文化遗产，留住历史文脉；所谓红线意识，就是要敬畏自然、顺应自然。在实际工作中，我们主要是做到三个尊敬。

一是尊敬历史风貌。现在留存下来的一些传统村落，表面上看，横不平竖不直，杂乱无章，但从整体上看却是一幅非常美丽的画卷。在这个历史风貌之下，蕴含的建筑风格、建筑元素，是民间工匠在融于自然、尊重自然前提下的创造和协作。大家看新县传统的建筑，包括中国很多地方的古民居，都是土墙灰瓦、青砖黛瓦。但最近十几年，由学院的建筑师们设计的农村的屋顶却是五颜六色。我曾经专门和孙君老师交流过农村屋顶设计的问题，孙君老师说，黄色的屋顶过去多用于皇宫或寺庙，蓝色在陵墓比较常见。而现在这些五颜六色的屋顶，恰恰都是一些学院培养出来的建筑师们设计的。所以说尊重历史风貌不是一句空话，乡村的规划、设计、建设，必须植根于乡村、植根于历史。

二是尊敬自然生态。乡村之美，决不单单是村落之美、民居之美，更重要的是环境之美、生态之美，是一种天人合一的自然融合。在乡村建设中，我们一定要尊敬自然生态，人定胜天的事还是尽量避免，少做为好。所以我们不仅在乡村建设方面，而是在全县都倡树视山如父、视水如母、视林如子的生态理念，敬畏自然、尊重自然，不挖山、不填塘、不砍树、不截断河流、不取直道路，坚决不让村庄变成孤零零的村庄，坚决不让村庄失去赖以生存的根基和土壤。

三是尊敬村民意愿。村民是乡村文化的创造者和延续者，也是乡村建设的参与者和主体。尊重村民意愿就是要激活人心，政府不能当"独裁者"，专家不能当"呼喊派"，社会资本不能唱"独角戏"，最终我们都是群众演员，群众才是真正的主角。所以我们确定的原则是为民做主不替民做主，强力推进不强迫推进。当政府部门、专家意见和群众意见不一致时，我们坚持以群众意见为主；当大多数群众意见和个别农户意见不一致时，我们还是尽可能尊重个别农户意见。只有充分尊重群众意见，乡村建设的多元性和差异性才能体现出来，群众才能真正有归属感、自豪感、荣誉感、幸福感。

尊敬历史风貌
（来源：新县人民政府）

干净——乡村复兴的"硬环境"和"软实力"

"硬环境"，就是打造乡村的美丽颜值；"软实力"，就是提升乡村的内在气质。

一方面是洁净。垃圾遍地、污水横流、村庄凋敝让每一个回归乡村的人都感到痛心和败兴，这既有环境整治的问题，也有基础设施和公共服务不配套的问题。所以这三年来，我们一直着力在农村环境综合整治和村庄的基础设施、公共服务配套上下功夫。在环境综合整治上，我们提出干净就是美，持续就是好，要求乡村两级扫干净、摆整齐、配设施、保常态；在基础设施配套上，实施了供排水、垃圾治理、污水处理、河道治理、村组公路建设；在公共服务配套上，做到每一个村都有一个标准化的村卫生室、一个村小学和一个图书室。不管是整治还是配套的过程中，我们都坚持修旧如旧，在保持历史风貌的前提下，植入一些现代的生活元素和生活方式，让古风古韵也可以很现代。比如西河，现在有咖啡馆、有集装箱、有帐篷酒店，这恰恰把反差变成了一种和谐，让村民和所有来到这里的人，在古风古韵的乡村环境下享受现代生活。通过这些措施，最终实现村舍古韵、村庄美丽、村民幸福。

另一方面是纯净。中国传统的民风民俗和乡风文明是乡村建设的根和魂，乡村建设的一个重要内容，就是要让民风民俗正本清源，乡风文明弘扬传承。所以我们鼓励每一个有条件的村，建祠堂、续家谱，培养一批乡村贤人，涵养乡贤文化、重塑宗亲文化、展示农耕文化。同时把传统的民风民俗和现代的乡风文明结合在一起，树立一批文明家庭、道德模范、好媳妇、好婆婆典型，影响和带动新风尚、新习惯的自觉形成。所以说，在新县不仅能看得见乡愁，更能通过村民的质朴、厚道、热情，体会到看不见的乡愁。

丁李湾村容整洁
（摄影：王玉新）

路径——乡村复兴的多元化选择

乡村复兴没有一个放之四海而皆准的办法、机制和模式，不管是在规划建设上，还是在产业发展上，包括在资本运作上，都应该呈现多元化的特征。

一是规划建设的多元化。乡村之美主要体现出来的就是乡村文化的特色之美和乡村建设的差异之美。客观地讲，现在乡村建设同质化的现象还比较突出，已经很有名气的一些古村、古镇，不管是外在形态还是内在运营上，几乎都是一个模式、一个样子。一些地方正在开展的乡村建设，很多都是由乡镇和县里统一规划、一张蓝图，把农村建设得更像城市。其实，乡村复兴要打造的是"升级版"的农村，而不是"缩小版"的城市。我们在"英雄梦·新县梦"规划设计公益行活动中，由一个团队来负责一个村落的规划设计，避免千村一面，突出村庄特色。

二是产业发展的多元化。乡村复兴最终要靠产业靠发展来支撑，否则也谈不上永续，更谈不上共享。在乡村复兴的实践中，我们探索了以下几种产业发展模式：第一种是特色产业带动模式，比如苏河镇的庙墩村发展了4000多亩红豆杉，类似的还有茶叶村、油茶村、葛根村、石斛村。围绕着特色农业的发展，我们实施了农业标准化和农产品质量溯源体系建设，建立了阿里巴巴40个村淘点，来解决农产品的质量安全和销售渠道问题，打造大别山北纬31°红色土地绿色产品公共品牌，让在家的农民就地就近就业，实现致富增收。第二种是景点景区依托模式，比如田铺乡的河铺村，依托许世友将军故里景区，为游客旅游服务，开发旅游产品。第三种是乡村休闲度假模式，以家庭农场为龙头，发展农家乐，打造红色系列和乡愁系列特色餐饮文化。第四种是生态旅游观光模式，比如郭家河乡湾店村十里河、十里柳、十里湿地、十里草原，周边群山环绕，有小桥、流水、耕牛、白鹭，没有城市的快节奏与喧嚣，有的只是归于自然的和谐与宁静，现在来这里的人越来越多，带动了当地餐饮、住宿等相关服务业的持续升温。第五种是民俗风情体验模式，比如千斤乡的杨高山村被誉为中原银杏第一村，境内有百年以上古银杏树58棵，千年以上古银杏树21棵。我们借助银杏文化旅游节，展示民间文化，推介旅游产品，把古银杏的特色优势转化为经济优势。这些模式也并不是单一独立存在的，各种模式之间是相互开放融合的，在开放融合的基础上，相信也会催生更多的新模式。

白鹭栖林
（摄影：白云龙）

　　三是资本运作的多元化。资本运作的多元化要处理好两个问题：一是工商资本下乡和内置金融发展的问题，一是工商资本与村民利益关系处理的问题。工商资本下乡和内置金融发展必须要有一个很好的载体，农民合作组织应该是承接工商资本、发展农村金融的一个重要平台。如果单纯靠农村内置金融发展，现在很多村都是贫困村，村民很多都是贫困户，再加上大部分都是45岁以上初中文化程度以下，完全以农民为主体，启动内置金融会有很大的困难和障碍。如果完全靠社会资本来运作，生产只能产生效益，资本才能产生利润。资本的逐利性决定：第一不可能漫无目标的向乡村投资；第二即使到乡村去投资，可能会造成与民争利的后果。为有效解决这个问题，我们在搭建合作组织这样一个承接平台的前提下，政府通过项目投入，把财政资金折股量化，作为第三方来平衡社会资本和内置金融的关系，既通过引进资本来促进乡村复兴，又能保证群众从中受益。同时，工商资本下乡不管是参与乡村建设，还是投入农业产业发展，都是一个长线投资。我们在工商资本和群众之间建立起紧密的利益联结机制，既可以通过群众的股份、股金的投入来解决工商资本前期投入的问题，又能让群众在工商资本做大做强之后，从中分享到更多的收益。

新县的乡村复兴还处于起步阶段，我们还有很长的路要走，希望能和投身乡建事业的专家们一起共同努力，加快推动乡村复兴，为父老乡亲创造更加美好的生活！

二

以乡宿守护乡愁——浅论乡村复兴的路径选择

帅建筑
浙江省临安市旅游局局长

河南新县的吕旅县长说："乡村复兴单靠政府靠不住；只靠专家，有些专家又有些不接地气；仅靠农民也不行，农村虽然离不开农民，但农民又不能充分将乡村利用好；而只靠社会资本则更加不行"。这一点我非常赞同。我认为乡村文明是要在流动和升值中得到传承和发展的，需要各方共同推动，包括专家学者的智慧、工商资本的进入、各级政府的推动、农民的回归等。换句话说，是需要专业的人做专业的事，不然就会出现有的地方搞城镇化和新农村建设，拆掉的是"文化"，留下的是"垃圾"！

的确，有许多地方前三十年发展让我们看到：乡村这个中国数以千计的基础单位，成为了都市人寄放乡愁之处，而一些千百年历史的村落院落却濒临消亡。如此趋势下，有着良好生态资源和乡村旅游基础的浙江临安，"身先士卒"探索一种特有的模式，即以乡宿来守护乡愁。临安乡宿是对乡村文化的一种开放性保护和保护性开发，它通过对现有的农居民房或闲置的农林牧渔业生产用房、老厂房进行重新布局和改造，巧借临安山乡特有的原生态景观、乡间民俗文化和风土人情，营造出独具乡情乡韵的休闲住宿场所，成为都市客释放身心、重拾乡愁的精神乐园和心灵寄存之地。乡宿是谁投资的？大都是工商资本投资的；乡宿是谁设计的？大都是专业设计师设计的；乡宿是谁经营的，大都是回乡创业人员经营的。那么原来的农民做什么？农民做房东，并成为乡宿从业人员，不过还是做他们原来做的事情。这是一种什么模式？我认为，这是一种共建共享的乡建模式。

2013 年年底召开的中央城镇化工作会议对中国需要什么样的城镇做了如此表述：我们需要让城市融入大自然，让居民望得见山，看得见水，记得住乡愁。瞬间"记得住乡愁"一词引起了社会广泛的关注、热议和共鸣，而热词的背后是对中国几千年乡村文化的再解读，是对做有根的乡村文化和新农村建设的新定义，是实现乡村复兴这个"中国梦"的新动力和新目标。以乡村为载体，以乡村为根系，经过几千年乡村社会演化而形成的乡情、乡思、乡恋已经深深融入中华人民的血液和基因里。今天，很多专家提到的对传统古村落的保护，对乡村文化遗产的挖掘，对保护文化多样性的坚守等，都是实现乡村复兴的路径，但今天我要从农村供给侧改革的角度来谈一下乡村复兴。综合农村第一、第二、第三产业来讲，改革开放后中国农村共有三次大的发展机遇，即农村改革的三次浪潮。第一次浪潮是实行家庭联产承包责任制，农业种植积极性被激发，中国人从此走出了吃不饱饭的年代。第二次浪潮是乡镇企业的发展，农村工业化开始起步，工资性收入逐渐成为农民收入的主体。第三次浪潮是什么？就是以当下农村供给侧改革为标志的农村现代服务业的发展。临安乡宿正立于这第三次浪潮的潮头上。

临安市太湖源镇白沙村
（来源：临安市旅游局）

临安是浙江西北部的一个县级城市，也是全国最早发展农家乐的县市之一，从 1997 年在天目山脚下产生第一个农家乐起，到现在农家乐发展到一千多户，床位三万多张的规模。农家乐的发展改变了农民的传统生产和生活方式。但是在发展农家乐过程中也遇到了很多问题，例如，有的村在发展农家乐之前以卖树为生，开发农家乐后村民就不再砍树，保护了环境。但随着农家乐的发展又碰到了新的问题：游客不断增多，房子不够住，所以房子不断地往高里建，到最后变得农村不像农村了、城市不像城市。怎么办？我们需要改革，改变过去那种依靠数量增长来实现速度增长的老路，将速度增长转变为质量的提高，将面积的增大转变为文化的提升。2014 年以来，我们以开放的心态和改革的思路迎接工商资本的进入和创意文化的融入，将政府、投资者、艺术家、原住民等参与主体凝聚在一起，在乡村掀起更多元的思想碰撞，走出一条更有效率、更有效益、更可持续的发展道路，这条小而美的道路就是临安乡宿。临安乡宿的发展，吸引了资本下乡、人才进村，推动了文化润心、改革活村，保养了乡景乡貌，涵养了乡风乡俗，颐养了大众的乡愁乡梦。

临安是一个有故事的小城，城中传颂着这样一段佳话。五代十国时期有一位明君叫钱镠，他不仅是"人间天堂"苏杭的奠基人，也是一个非常富有浪漫情怀的人。他与妻子戴妃的关系非常好，但是妻子每年寒食节都要回临安县省亲，让他思念不已。有一年妻子回家时间实在太长，他就提笔给妻子写了一封信，信上只有九个字"陌上花开，可缓缓归矣。"一时成为佳话，让百姓羡慕不已，同时我们也可以从中体会到临安之美。

现在临安最具情怀和特色的风景就是乡宿，临安多个乡村呈现各种不同风格的乡宿，乡村田园风、青年旅舍风、欧式园林风等应有尽有，临安市的农家乐也开始向乡宿转变。临安最早的乡宿叫风和日丽，是上海一个小姑娘开的。发展到现在，临安的乡宿已经成为长三角地区游客深度乡村游的主要目的地。这里向大家介绍一下临安乡宿的三种类型：乡宿村落、乡宿部落和乡宿院落。

风和日丽乡宿
（来源：临安市旅游局）

第一是乡宿村落，它的代表是指南村。指南村的景色非常优美，是江南秋色的代表，仅六百年以上的枫树就有三百多棵，秋天一到，满地金黄，同时还有历史特征的古井、古道等。尽管如此，在农家乐发展过程中，环境也遭到了很大的破坏，所以村子从去年开始实行村落再生，拆除了 10 户民居的一户多宅，将 8 户居民的高层楼房降到三层，同时将原来一些蜘蛛网般的电线杆拆掉，电线落地，现在整个指南村变得非常漂亮，每周到这里考察的人也很多，有时一天要接待三四批，甚至有人说，到了指南村就不用去欧洲看风情小镇。

指南村的设计秉承了指南村红叶古韵、高山氧吧等得天独厚的优势，顺应生态文明、回归自然等理念，并整合指南村的一些自然和人文资源，通过乡村再生打造集生态文化、旅游与创意产业为一体的"生态创意型"乡居生活示范村。同时，依托古树等一些稀缺资源打造了中国摄影基地。村书记朱文校说："刚开始老百姓对房屋降层不是很理解，也不愿配合，但我们从党员干部开始，老支书带头降层，大家没有话讲，现在都很支持村里工作。"

指南秋色
（来源：临安市旅游局）

第二个是乡宿部落，代表是太阳公社。太阳公社在网络上很红，网民说这里的猪是最幸福的。太阳公社是几个人合伙创建的，其中一个创始人叫陈卫，他是看中了太阳公社那个山湾，便想在这里打造乡宿部落。他说"在这里农业是基础，城市人可以到这里体验农耕文化，体验自然，同时农民不但仍然可以以传统的方式耕种自己热爱的土地，生产优质的产品，而且可以获得更多的生活保障"。现在这里非常成功，新的产品已经开发出来，而且又在建另一个乡宿部落，整个村落20栋老房子全部拿出来搞乡宿，还计划搞一个国际化生态社区。他曾经说"目前农村剩下的农民大多是老人，所以农民的土地是没有人耕的，太阳公社要想办法把年轻人吸引回来，只要是当地的年轻人，大学毕业没有地方去的，太阳公社全收。"现在的情况是什么？出去打工的年轻人都回来了，并以在太阳公社工作为荣，每天在农民脸上见得最多的就是灿烂的笑容。在太阳公社我们看到农村是大有作为的天地。之前也有个专家在讲，城市和农村没有水平的高低，只有生活方式的不同，太阳公社的现状恰恰印证了这句话。

太阳公社体验活动
（来源：临安市旅游局）

第三个是乡宿院落，代表是僻地寒楼。这里的主人叫张雁，曾在上海做生意，一年收入四五十万元。由于她母亲到上海之后眼睛不好，没有办法，就回来搞了乡宿。房子是二十世纪八十年代的房子，是父母当时用手上仅有的 80 元钱盖的，张雁就把它定位成八十年代记忆为主题的原生态乡宿类型。屋外的一石一物基本保留了原来的样貌，但是理念是现代化的，里面的装饰都是她自己亲手做的，乡土与时尚结合，舒适却不失民味。她对现在自己能住在这么美的地方，还能发动周边村民一起卖农产品，或者给驴友当导游，一同创业、挣钱，感到十分满足。她还打算在村里建一个公共图书馆，向村民与游客开放。

僻地寒楼乡宿院落
（来源：临安市旅游局）

一言以蔽之，第一个事例，农村基层干部的变化很大，乡村要复兴，农村干部是中坚力量，一定要让他们带头崛起。第二个事例，农民是农村的主体，一定要让农民回归主业，农民要成为乡村复兴的主体。第三个事例，大学生、在外创业人员回乡创业，这就是新的乡贤。农村需要新乡贤，新乡贤的诞生是中国乡村复兴的希望所在。乡宿发展的更大的意义在于农民开始重新审视自己的家乡和自家毫不起眼的小屋，然后以富有审美意味的眼光装点房子，这些点滴改变最终会改变乡村的外貌和农民内心的格局。这或许是中国大多数地方实现乡村复兴的现实路径。

三

湘西花垣县十八洞村的成功发展之道

龙秀林
中国扶贫队长（原十八洞扶贫队长）

2013年11月3日，习近平总书记来到湘西十八洞村进行考察。在这里，他首次提出了"精准扶贫"的重要思想，作出了"实事求是、因地制宜、分类指导、精准扶贫"重要指示。他强调十八洞模式要在全国"可复制、可推广"，表示不能堆积资金、不栽盆景、不搭风景，并提出了"不能搞特殊化，但不能没有变化"的13字要求。许多人会认为，习总书记到过的十八洞村，肯定各级部门投入了大量的项目和资金。我要告诉大家的是，十八洞村不是用钱堆起来的，而是靠的文化和理念。

如何建设十八洞村，是省、州、县领导重视的课题。单纯投资钱容易发展成堆积资金，可不投资钱怎么发生变化？我们认为十八洞村的发展只有"统一老百姓的思想，激发他们的内生动力，让老百姓参与精准扶贫"这条路可以走。通过短短两年时间，在投入很少的情况下，十八洞村已经发展成了中国乡村旅游最火爆的村庄，每年接待游客人数50万人次。

回想 2014 年 1 月 23 日，时任花垣县委办副主任和宣传部常务副部长的我，第一次带着工作队来到十八洞村时，并不被村干部和村民代表看好。他们认为应该派发改委、财政局或扶贫办的领导来，只有这些人来才有资金、有项目。派一个宣传部副部长来，既没有资金，也没有项目，只有一张嘴。但是花垣县委书记很有思想，就用"一张嘴"把十八洞村建设到了一个新高度。在建设中，我们承受了很大的政治压力、社会压力、经济压力。十八洞村如果做好了，那也不得了，如果做不好，我将是历史的罪人。

工作队员与村民同劳动
（摄影：龙志银）

两年时间里，十八洞村接受了两次中共中央办公厅回访。一次是在习近平总书记离开十八洞村半年之后，中共中央办公厅督察室余主任来到十八洞村回访，这也是中共中央办公厅在湖南省的第一次回访。一个小小的花垣县，先后来过五位中央政治局常委。在习近平总书记之前，从来没有安排过回访。各级领导由于没有经验都很紧张，尤其担心十八洞村的现场汇报，但事实上十八洞村的现场汇报非常精彩。

汇报中提到的"把十八洞村建设成中国最美丽的农村"，使其"天更蓝，山更绿，水更清，村更古，心更齐，情更浓"的建设目标；"人与自然和谐相处，建设与原生态协调统一，建筑与民族特色完美结合"的三大建设原则；把农村更像农村的建设理念，都得到了上级领导的认可。尤其是"鸟儿回来了、鱼儿回来了、虫儿回来了、打工的人儿回来了、外面的人儿来了"的五来目标，让余主任不禁打断讲话，要求"再说一遍，我们要把这个话原话记录"。

为什么说十八洞村有文化？湖南省委副书记孙金龙第二次来到十八洞村时，在村民的院子里面，他看到了青石板、木板壁、泥巴墙、青瓦房，看到了农村妇女在水池边洗碗，旁边有一条大黑狗，还看到了一个竹篱笆，他情不自禁唱起了《篱笆女人和狗》的主题曲，随后说道："我终于在十八洞村找到了农村的感觉和记忆中的乡愁。"

龙秀林向领导、游客讲解十八洞传奇故事
（摄影：龙志银）

　　我还想与大家分享十八洞村的发展模式。因为习近平总书记是 2013 年 11 月 3 日来到十八洞村的，所以我在十八洞村制定了"113 工程"，就是 10 棵冬桃，10 棵黄桃，300 条稻花鱼，每家每户全覆盖，225 户家家都有。桃树种在屋前屋后，屋前屋后没有位置的，就栽在离寨子很近的自留地上面。种桃树，一方面可以为乡村旅游造景，每当三月桃花开放，十八洞村就淹没在桃花的海洋里面；另一方面还可以带来经济效益，一棵桃树可以结果 100 斤左右，一斤桃子卖 10 块钱左右，那么一棵桃树的产值在 1000 元左右，每家每户都有 20 棵桃树，产值能达到 2 万元。但事实上我们不卖桃子，我们卖的是桃树的采摘权，一棵树的采摘权是 418 元（因为习近平总书记到十八洞村的时间是下午 4 点 18 分）。其中 300 元给农户，剩下的 118 元是十八洞村电商管理平台的管理经费。认领桃树的人，可以通过手机 APP 看到他这棵桃树的长势。认领一棵桃树的人，就成为了十八洞村的荣誉村民，可以享受到五大好处。

　　第一个好处，投入 418 元可以享受到 1000 元的产值。第二，落实了习近平总书记提出的"精准扶贫"，落实了一份政治责任，所以很多人愿意参与。第三，对接了一个贫困户，很多爱心人士想对接贫困户却没有平台，只要在十八洞村认领一棵树就对接了一个贫困户。第四，对接了一个放心食品的平台。十八洞村的大米、菜都是采用原生态的种植方式，不施肥、不打农药。对接了一个贫困户以后，家里吃的一些蔬菜、米，都可以从你的贫困户源源不断地供应。第五，到十八洞村旅游，大门免票，停车免费，进洞免费，就是十八洞的"三免"政策。而且十八洞村已经成功跟湘西地区所有的重要景点建立了合作关系，到湘西旅游，包括到张家界、凤凰、矮寨大桥、德夯景区、芙蓉镇、马拉河、边城、猛洞河等景区，只要是十八洞村的荣誉村民，门票都减半。

规划民居改造方案
（摄影：龙志银）

　　我们提出的"113工程"，投入不到200元，但是3年之后能够赚到五万元。因为我们有四笔收入：第一笔收入，每一棵桃树到村民家里有300元，20棵就是6000元。第二笔收入，桃树开花结果的时候，荣誉村民可以开着车带着朋友来到十八洞。在这之前我们把"五改"工作做好——民居改造好，厨房改造好，卫生间改造好，浴室改造好，猪圈改造好，让客人来到十八洞村以后，能吃得下，留得下。一棵树一年能带动20个人到乡村旅游，20棵树就是400人，一个人最低消费100元，合计就是4万元。第三笔收入，来自对接放心食品的平台。十八洞村县城的荣誉村民从贫困户家里源源不断地购买米、菜，土鸡、土鸡蛋、腊肉……20个荣誉村民，即使一个人一年最低花费2000元，20个人就是四万元。这三笔收入加起来能达到86000元，再加上稻田里面的稻花鱼，按4000元来算，加起来就是9万元。除去4万元的成本，纯赚5万元。虽然现在还达不到这个水平，以后绝对可以达到。

深入峡谷调研乡村旅游
（摄影：龙志银）

当然，我们不仅为老百姓增加了收入，也是建立了一个大数据的平台。十八洞村一万棵树，就是一万个荣誉村民，就算不能一传十，只宣传到五个人，一万个荣誉村民也能带动 5 万人来十八洞村旅游。一个人只要消费 100 元，就是 500 万，也是一个大数字。

十八洞村的"113 工程"从某种角度来说是在打感情牌，希望大家"因为一棵树爱上十八洞"。因为你对一个村留下了感情，留下了感动，就会常常回忆，经常去游玩，与之越来越亲，从而爱上这个村。如果在一个地方你没有留下感情，你去了两次，就不会想再去第三次。一个让自己留下感情的地方，去得越多就越亲切。让荣誉村民留下了感动，这感动变成美好的回忆，然后回头，这就是十八洞"113"工程助推乡村旅游的发展模式。

四

怎样建设美丽乡村

闵洪艳
湖北省谷城县堰河村书记

堰河村位于湖北省谷城县五山镇，是一个占地 16 平方公里、1050 人的偏僻乡村。村中有 303 户人家，共分四个村民小组，下设四个支部，全村党员 38 人。堰河村共有两大支柱产业，一是茶叶产业，一是乡村旅游产业。去年农民人均纯收入达到 12800 元，集体收入达到 200 万元。

其实，过去的堰河村很穷，交通不便，直到二十世纪九十年代才修了一条坑坑洼洼的泥巴路。如今，村子发生了翻天覆地的变化，村民收入提高，道路也已经水泥化。这种改变除了离不开各级党委和部门的支持，更与孙君老师的努力息息相关。

孙君老师是 2003 年来我们村的。在那之前他在周边其他乡村也做了很长时间的项目。因为孙老师一直对我的启示非常大，所以我邀请他到堰河村做项目。那时他提出了一个要求，就是先整治环境，将村里的垃圾清理干净。恰逢村里召开群众大会，我听孙老师讲过垃圾分类，于是就在会上号召大家把村子整理干净。一个月之后，在村里人的共同努力下，村里的环境变得整洁了。孙老师过来查看后，当即同意帮助我们建设村子。苦心人，天不负，一个卫生问题的解决，给堰河村的带来的竟然是沧海桑田的变化。

堰河村过去是一个领导都不愿意来的地方，实现垃圾分类确实是改变农民生活方式的关键。我认为要建设和发展乡村，首先就要改变老百姓的观念，观念跟上了，发展也就容易了。同时，乡村是农民的，应该鼓励农民全民参与。

清洁的堰河水
（摄影：邓佳）

村庄改造具体要如何实现，我总结了堰河村改造的四种做法。

一、改变观念。我们今天之所以能有这么大的变化，这和孙君老师在村中倡导的观念密不可分，其中垃圾分类的事情还产生了巨大影响。从搞垃圾分类开始，孙老师提出了"修好路、建好村、育好人"的发展理念。后来又提出了村中建筑依山傍水、高低错落的风格，且以老百姓的生产生活有利为主。同时，他还提出了生态发展的理念，这才使得我们今天能够真正走出一条经济生态化，生态经济化之路。

例如，我们村生产茶叶，可是怎么卖呢？其实就是把村庄垃圾分类清理干净。这事我们是从 2003 年开始做的，2004 年做了一年，在这一年间慢慢地就有领导过来看，通过宣传又有很多市民来看，这样就带动了茶叶的销量。随着人流增加，村里人又开始了办农家乐。农家乐从当初的一家办到了今年的 43 家，收入也从 10 年前一分钱没有，到去年总共达到了 5000 多万元。人均增加 5 万多元，这个数字是非常惊人的，因为我们只有一千多人。

一个小小的垃圾分类就促成了我们茶叶和旅游两大产业。目前，村中有 1000 多亩茶园，3000 多亩生态林。旅游方面还组建了乡村旅游发展合作社，全村 70% 的老百姓都加入了合作社。当然这个过程是比较漫长的。合作社是 2007 年开始发起的，2008 年正式运行，2008 年的时候只有 18 家老百姓进入合作社。那时候农村改革才刚刚开始，农民对干部还有一些隔阂，三年后进行扩股，就达到了 30%，之后又有很多老百姓要参与进来，根据合作社的实际情况，我们确定增加到村民的 70%。同时，农民进入合作社后，第一年的分红达到 30%，第二年 35%，第三年达到 40%，去年达到 50%，我们力争三年以后有 90% 的农民进入合作社，让农民真正享受到发展带来的成果，并感受到绿色产业的效率。

我认为农民的积极性在于看到发展的希望，当他们看不到希望时就不会参与。我们这个村这么多年来没有一起上访的，没有一起超生的，我们的村干部天天在一线搞发展，需要我们搞调节的事情就很少，这样农民就看到了希望。同时，各方的推动与鼓励也增加了农民的信心。孙老师进行了理念的引领，各个领导也给了我们很多关心，政治局常委李长春、俞正声都来过堰河村。湖北省旅游局的局长到我们那里说："堰河村的乡村旅游规模大，群众参与性高，带动力强，辐射面广，发展潜力大。"各级领导也给了我们很高的荣誉，我们获得的荣誉称号有"全国文明村""全国先进党组织""中国绿色小康村"。我们是中国乡村旅游模范示范村，去年我们在中国旅游发展大会上拿下了 6 个金牌，其中包含三个金牌农家乐、一个模范户。就一个村庄的旅游产业而言，我们村在会上获得的奖牌数量是最多的，国家旅游局长也给予了我们很高的肯定。这些都让村民看到了希望，也为他们增添了动力。

天艺茶庄
（摄影：孙君）

二、发展产业。无论是新农村建设还是美丽乡村建设，都不能缺乏产业的发展。我们这几年就以垃圾分类为切入点，重点发展产业。第一个产业就是发展绿色产业，我们全村发展了1200多亩茶园和1000多亩大豆。这都是绿色经济，同时结合绿色产业我们做出了农产品品牌，叫堰河乡。去年堰河乡这个品牌在合作社收入已经达到了150多万元，还荣获了湖北特色旅游产品的称号。在乡建中我们有四句话，把山水变成了风景，把资源变成了资本，把农民变成了股民，把农产品变成了旅游商品。堰河乡这个品牌就成功地将农副产品变成了旅游商品。第二个产业是发展乡村旅游产业。搞美丽乡村建设的时候，孙君老师提出了先把乡村建设好，美化好，把乡村建设得更像乡村。所以，直到今天人们去堰河村，仍然会感受到农村的质朴。今年清明节，每天到堰河旅游的小车达一万多辆。通常农民每年搞农家乐的收入有一两万，但仅仅这三天时间，我们大一点的农家乐收入就有五六万，过去想都不敢想。这就是观念的转变，观念转变值万金。我们乡村旅游就是以农家乐为主，同时也有三大文化，茶文化、道文化、民俗文化。去年，我们又开展民宿项目，成功举办了打年货、游堰河、吃腊八饭、尝百家宴等活动。同时，我们每个月都有一些节庆活动。农历三月三村里会庆祝道教真武大帝的寿诞，4月28号会举办茶艺大赛暨乡村旅游节。乡村旅游就是要不断地办活动，办节庆，所以现在每到节假日，堰河村的游客都是满的。乡村旅游的发展给农民带来了一条增收的渠道，我们有40多家农家乐，有搞养猪的、养羊的、养牛的，还有就是种茶的。我们每一斤茶都要比其他地方的茶价格高几十块，为什么？因为是有机生产和无公害化生产。同时，我们生产的蔬菜都是不打农药的，农民已经形成了自觉。堰河村的乡村旅游产业已经越做越大，越做越强。

第二届茶王赛开幕式文娱表演
（摄影：王佛全）

　　三、要想发展产业必须把村庄建设好。堰河村的房子都是 90 年代建的，孙君老师提出了修旧如旧，同时搞了一些仿古建设，这样建筑就呈现明显的鄂西北风格特色。省里领导将村庄的建筑风格总结为青砖灰瓦花窗古门，就是汉派的建筑风格。去堰河村之后的第一感觉就是震撼，自然、古朴、漂亮这些词语都会油然而生。搞村庄建设的时候我们把垃圾和污水处理的系统都一同规划进去了，村庄建设好后就要实行垃圾分类、污水处理，我们的污水处理是在村中建了三个大一点的污水处理厂进行生物处理。当时生物处理厂建设的时候花了几百万，现在的运营费用非常低，我们真正实现了垃圾不出村、污水不入河。过去农民搞垃圾分类不习惯，抱怨搞垃圾分类能当饭吃？能挣钱？现在回过头一看，我们吃的是生产饭，挣的是环境钱，老百姓才真正认识到了环境的重要性，所以现在如果不搞垃圾分类了他们反而不习惯了。

四、不断改变农民的习惯。农民过去就是种麦子、稻子，现在农民都改搞市场经济，都在搞旅游了。同时，农民的观念、语言也都发生了变化。另外，过去城里人到农村旅游听不懂当地话，现在的农村妇女都在讲普通话了。总之我们农民的文化程度在不断提高，农民在家创业，在家就业，并解决了党和政府关心的留守老人和留守儿童的问题，这时我们农村真正文明起来了。

堰河村儿童荡秋千
（摄影：邓佳）

现在国家实施精准扶贫，而堰河村可以说是个例外，按照全省的标准我们村是没有贫困户。目前以堰河村的要求来说，全村只有 12 户叫落后一点的农户。乡村旅游的发展，确实给我们农民找出了一条发家致富的道路。最后我们对堰河村的小康提出了"四个一"，一户一栋小洋楼，一户一部小轿车，一户要有一个产业，一户人均达到 10 万以上的存款。在未来的日子里，我们计划把堰河打造成国家级 4A 景区，进一步实现推动美丽乡村的建设。

五

桃源村项目的艰辛与收获

华运鹏
湖北省广水市"两圈一区"办主任

湖北省发改委战略规划办于 2013 年元月出台了 1 号文件以启动绿色新农村建设项目。桃源村因为百年石屋、千年柿树以及坐落于大别山与桐柏山交汇处的优越地理位置而被确定为湖北省第一个绿色新农村试点。

2012 年 12 月我们刚到桃源村的时候，那里还是一片荒凉，全村1600 人，留在家中的不到 600 人，一千多人背井离乡。经过我们三年的努力，桃源村现已成为广水市人气最旺的旅游景点，曾被住建部评为"中国传统村落"，同时还被纳入中国美丽乡村创建试点行列。2014 年，桃源村荣获"荆楚最美乡村"第一名，目前已接待来自全国各地的 300 多个考察团。

桃源村项目建设的主要内容共有六项：古民居改造、生态环境修复、基础设施建设、景观建设、文化建设、内置金融合作社建设。其中，内置金融合作社目前已有人数 60 人，包括 20 名乡贤和 40 位老人。加上政府提供的部分引导资金，合作社的资金规模也已达到 120 万元，因此，在合作社成立的当年我们就给老人发了红包，他们都无比开心。

这三年桃源村项目之路走得很快，但也无比艰难。我觉得这是参加工作以来最为困难，也最为充实的一段时光，三年干了十年的事，期间遭遇了很多的委屈、迷茫、困惑、阻力，庆幸的是这些都已经成为过去。

桃源村建设只是一个普通的新农村建设，为什么会这么难？因为它不仅仅是一个项目，更是一场思维方式的变革。文化差异、思想碰撞、不同的发展目标，这些都会增加整个项目的难度。我想在桃源村项目建设过程中所遇到的问题，可能是中国基层乡建所面临问题的缩影，所以作为一名体制内的干部，一名基层公务员，我想给大家分享一下在乡建道路中遭遇的尴尬与困惑。

乡建困惑一：总体规划要不要有？能否落地？

2012 年底上桃源村项目的时候，我也是因为太喜欢这个项目了，在没有向任何领导汇报的情况下，从财政处借了 80 万元资金与北京绿十字签了合同。但是桃源村项目建设前两年一直是没有总体规划的，直到 2015 年底才做了总体规划。就因为这个问题，我受到了领导的各种批评，甚至少数基层干部到处散播规划团队是骗子的谣言，这些都很容易导致项目的夭折。其实，前两年之所以没有总体规划是因为孙君老师做项目从来不做总体规划的文本，合作是基于甲方对规划方的高度信任。

在规划落地方面，桃源村项目可能是北京绿十字所有项目中落地最不完整的一个。因为在项目启动之初，规划团队在这里遭遇了很大的不信任，加上基层干部长期以来形成的惯性思维，导致规划的落地无比的艰难。迄今为止，桃源村项目发生了很多变动。另外，2015 年广水市有十多个乡村相继启动了乡村建设，周边县市也有乡村建设，因此很多基层领导过来请我去给他们当顾问。我觉得国家真正唤醒村庄的时候到了，政府会投入大量的资金和精力到乡村，乡村也将会顺应市场需求的。但是武汉市很多教授纷纷走出校门，从事乡村规划设计工作让我感到既高兴又担忧。高兴的是服务乡村建设规划团队增多预示着乡村复兴运动的兴起。担忧的是一个不了解农村、农民、农业的规划团队，能否做好一个村庄的规划，这样下去是否会造成中国乡村新一轮的破坏。

桃源村村景
（摄影：卢运学）

乡建困惑二：在不合适的机制下，自己是否还要坚持？如何坚持？

我认为在一个乡村建设项目中，好的机制能够快速推动项目建设，培养团队高度的担当精神和有效使用项目资金的能力，使团队规划执行力提高 90% 以上。但桃源村项目的机制并不完善，一直到现在都不是一个科学的机制，所以有很大的阻力。

2013 年初，桃源村项目刚启动时，市委书记驻点，市委常委主抓，"两圈一区"办组织协调，团委实施。这种机制造成的负面影响是对项目有深刻理解和深厚感情的人不能直接组织项目的实施，而复杂项目落地的主体缺乏执行项目所拥有的文化和责任，造成了太多的争吵和矛盾。市委书记作为地区的最高行政领导到桃源村去过两百多次，在一个乡村建设面前仍然显得力不从心，很多想法和意见都得不到落实。主抓桃源村工作的市委常委，已经有一年的时间没有管理过桃源村的工作了。驻村专班负责人已经换了四任，桃源村的党支部书记2014年6月就开始闹辞职，一个56岁的老人放声大哭。同样，在桃源村项目建设过程中我也是无比的艰难，面临省发改委的责难、市领导的批评、设计落地的要求、干部的消极怠工和桃源村农民主体责任的培育等，不同的是我从来没有说过放弃。

2013年我们在桃源村埋头苦干，终于赢来全省第一个绿色新农村现场会在此召开的机会，那是广水市26年来承办的第一个省级会议。桃源村一下子火了，引发了很多人的关注。可是，第二年正月初九市委书记带队到桃源村召开现场办公会时，我却意外被现场撤职了，没有任何思想准备，只剩下满怀悲凉。后来分析了一下被撤职的主要原因大概有以下三个：首先是在规划落地方面比较固执，一意孤行；其次是在工程实施方面只允许本村施工队作业；三是曾与镇领导干部有过争论。那是一段黑色的岁月，尽管很多老领导告诫我不要在桃源村项目里面陷得太深，要想办法尽早脱身，可是真的很难舍弃，桃源村项目就像一个我亲自哺育的孩子，就这样突然被人抱走了，惆怅与茫然油然而生。在之后的五个月里，大家开启了漫长无休止的争吵，为钱争吵，为工程承包争吵，结果是一项工作都没能推动。在第五个月底的时候，我实在忍不住了，找领导主动请缨，希望在对项目理解的深度、工作责任心以及了解省发改委政策方面能够得到领导指导，而在工程实施方面，由我们全权负责。领导当即同意了我的意见，恢复过去的机制，并要求迅速推动桃源村建设。五个月以来的委屈和不平终于在此刻得到了舒展，我带领工作人员重返桃源村，召集政策干部施工队、村民代表开会，一次性安排了26项工作，逐项落实。从此，桃源村项目拉开了新的序幕，并逐步迈向全省、全国。

乡建困惑三：资金总是短缺，是否考虑有效利用？

我认为90%的乡建项目都会面临资金不足问题。桃源村项目截至目前共投资2900万元，其中包括市政府支持的100万元，整合项目资金

2600 万元，帮扶 200 万元。但在 2013 年年底我们欠了 500 万元，2014
年年底欠了 1200 万元，去年年底还欠 380 万元。关于资金，在这里我想
跟大家分享两件事。第一，整合项目资金是非常难的，为什么难？因为
会触动了很多部门领导的利益，这些领导会通过卡住项目资金来给工程
进展带来阻力。第二是国家投入到农村的项目资金有 30% 是在浪费，甚
至是在给人们带来破坏。譬如，2013 年水利局在桃源村实施水库的加固
工程时不遵循桃源村项目的规划设计，任市委书记出面沟通也无济于事，
这样就带来了许多不必要的浪费。同样，土地局在实施桃源村土地整理
项目时也不服从桃源村的规划设计，造成很多浪费，甚至破坏。然而去
年年底国土资源部的领导到桃源村考察时，对我们指导实施的水系修复
工程大加赞赏，并把该项目作为标杆，写入了 2015 年国土整理蓝皮书，
而对水利局自己做的项目则信心不大。桃源村建设的前两年遇到的最大
质疑是：投资这么多钱建设一个村庄有必要吗？其实，国家每年投入到
广水的涉农项目资金是 3.5 个亿，我们为什么不把这些项目资金有效的利
用起来，建好一个村庄，发挥示范效应，然后把事情一件一件的做好呢？

桃源村的传统石屋
（摄影：易小辉）

乡建困惑四：工程建设三矛盾

有乡村建设的地方就一定有工程建设，这一次乡建投入最多、矛盾也最集中。我们在工程实施过程中遇到的矛盾主要有三方面。第一，招标与工程进度的矛盾。按照规定村级 2 万以上工程、镇级 50 万以上工程必须招标，桃源村项目真正建设时间不到两年，如果严格按照程序是没有办法实现的。公开招投标一是会增加 20% 以上成本，二是会延误时间，三是保障不了质量。由于没有按照正规程序招标，我们都受到了相应的处罚，少数干部还因此受到了经济处分。第二，施工队之间因争夺工程而引起的矛盾。施工队中包含通过各种关系进入，以盈利为目的的外来施工队，从河南请来的做示范工程的建筑师和占大多数的本村农民施工队。由于有施工队之间的工程争夺，矛盾一直没有停止过，最终河南来的农村施工队以他们精湛的技术、高度的责任心与良知赢得了很高的威信，从而成为工程的主力，外来施工队被要求彻底退出桃源村，本村农村施工队也逐步理顺了关系。第三，工程质量与施工队利益的矛盾。毫无隐瞒地讲，桃源村项目存在很多的对外招标工作，这里面涉及施工队过度追求利益与工程预算被压得过低的问题，截至目前桃源村最好的工程都是由河南的施工队做的，但是他的工程造价也最高，这主要由于他们做的是良心工程。

乡建困惑五：农民的主体作用怎样得到发挥？

2015 年 10 月底，我在参加乡村农民论坛时来自美国人文科学院院士柯布有一句话令我印象深刻，他说："中国政府若想拯救中国的农村，必须中国农民想干这件事，这件事才能成。"我觉得他说得非常有道理，农民的主体作用不发挥，乡村建设永远缺乏最原始的动力。

我是 1992 年参加工作的，那时起的十年是中国政府与农民最为对立的十年，计划生育、交通建设等事都向老百姓伸手要钱。我在乡镇工作，在镇长的带领下，扒过老百姓的房子，牵过老百姓的牛，赶过老百姓的猪，那是我一生中干过最坏的事情，现在回想起来都感到非常恐怖。尽管近年来，中央出台了很多的惠农政策，但大部分还是政府在干，老百姓在看，很难真正得到落实。桃源村项目建设同样如此，由于过分地追求进度和政绩，农民的主体作用并没有得到真正发挥。项目建设的前一年依然有砍树现象，垃圾分类也很少有人配合。最令人伤心的是，在2015年的时候回归的村民肆意建设，而软弱的村两委对部门的破坏工程竟然置之不理。这一年，我开了很多次的群众会议，带他们出去参观学习，告诉他们政府对桃源村的支持就快要结束了。如果政府对一个村庄的建设永远大包大揽，不肯放手，这个项目是没有任何意义的，用钱堆起的村庄都是形式主义，而形式主义许多人做得比我们都好，这不是我们追求的。

桃源村未来的发展主要靠两块，一块是村两委以养老、环境卫生、社会治安教育等为主的行政管理，一块是农村合作社以凝聚人心、产业发展、资金互助、自我管理为主的可持续发展。桃源村内置金融合作社就是在这种背景下产生的，目前运行情况良好，村民激情高涨。一个真正由村民当家作主，引领他们家园走向未来的有效模式正在形成。

惬意的乡居生活
（摄影：贾连成）

乡建的过程是痛苦的，在桃源村项目获得社会各界越来越多认可的背后我们承受了太多的委屈和辛酸，无尽的争吵和矛盾，永远的压力和责任，但是艰辛过后是莫大的欣慰和收获。

乡建收获一：找回了自信

乡建让我终于在行政生涯里做了一件有意义的事情，尽管1992年大学刚毕业时我还是一个怀揣梦想的人，可是20多年乡镇和机关工作的经历早都让这些梦想磨灭殆尽，不甘而又无可奈何。庆幸的是，一次偶然机会下近距离接触到了中国乡建领域的众多顶尖的专家学者，认识到了很多有梦想的人，并有幸聆听他们关于乡村建设的见解。基层工作20年，突然有种醍醐灌顶的感觉，我很感谢这样的平台和机会，让我的人生没有成为一张白纸。三年前，我常常羡慕别人官职的升迁和生活的富有，可是现在只羡慕那些有激情，有梦想并为实现梦想而坚持不懈的人们，羡慕他们的坦然、踏实与生活的简单。

乡建收获二：获得群众威信

收获群众威信让我深深爱上了乡建。我出生在农村，工作在农村，曾经很不喜欢做农村的工作，可现在却深深地爱上了乡建。桃源村工作的三年我突然发现，过去只能在领导讲话和各种文件中出现的"群众威信"四个字，在桃源村竟成为了现实，这里的村民很喜欢、很信任我，都把我当亲戚，排队请吃饭，经常赠送土特产，我感动并骄傲着。这些年政府搞新农村建设许多都只是纸上谈兵，各种村规民约，老百姓都很难记住，作用不大。人的改变真的很难，但我欣喜地看到桃源村人的素质真的提高了，他们会操心、管理、爱护自己的家园，会批评宰客行为，会制止砍树行为。桃源村内置金融合作社成立之前，我让村民代表自己开会，效果非常好，也没有刻意进行过培训，只是在建设过程中潜移默化，一点一滴的积累，让村民自己创造幸福。

乡建收获三：变得有情怀

情怀，重新点燃了我对这个国家的期盼。我曾在中国乡建院参加会议，来自全国各地从事乡建工作的政府人员在一起积极探讨与交流他们工作中的经验、困惑与阻力，他们都不是有钱人，也没有多少社会地位，并不是专家学者。可是，在中国农村改革最前沿，他们在探索，在奉献。我常常感动于他们脸上洋溢的骄傲与自信，这是一种情怀。其实我们这个社会从来不缺有情怀的人，只是很多人的情怀被生存、世故、利益所淹没。一位教授在会议上说："我们这些搞农村工作的人，尤其要有情怀。"是的，有了情怀我们这个民族才会有希望，有了情怀方能让我们的灵魂找到归宿。

建设桃源村的这三年，有委屈也有快乐，有辛酸也有收获，我就是在这矛盾的交织中，凭着纯洁无瑕的信念支撑起了一个强大的梦想。

柿子熟了
（摄影：向军）

乡村・NGO

第二章

一

我心中的中国

孙君
北京绿十字创始人

    每个人血液里面都会流淌着一个想象的中国。今天的中国是什么样的，不同的人有不同的标准，而这个标准在几十年内发生过很多变化。之所以我们对现在的中国不满意，或者有很多想法，很多的疑问，就是因为我们心里有这个标准。我们一直在寻着这样一个标准前进，确切地说在寻求心中的中国，所以我们这一群人才能慢慢走到了一起。

    中国在建设过程当中发生了翻天覆地的变化，这个变化其实离我们的想法越来越遥远。我也是一样，在这个过程当中我做过很多项目，大多数都失败了，很少一部分是成功的，但正是因为有无数次的失败，我才慢慢靠近成功。

    中国在发展过程中面临的许多问题，有些现在看上去似乎还很严重，当年西方也遇到过，但当你可以站在一个更高点去看的时候，你会发现有些问题其实没有你想象的那么严重。我们要看到问题的背后隐藏的是什么？是希望！这样当我们面对"三农"问题和乡村建设的时候，把问题变成希望，我们的心自然就摆正了。

我们用百年忘掉中国，我们用 60 年破坏了文化，用 30 年消灭了乡村，所以今天的乡村可能离我们想象中的乡村越来越遥远。乡村建设的第一步是盖房子、搞农家乐，乡村建设的第二步就是信仰，这是乡村建设更深的问题。

中国是强调天地人的，在规划当中我们目前还没有介入到这个层面。如果把这些概念性的天地人融入规划或者是乡村建设当中，或者是精准扶贫当中来，可能又会不一样。

现在人们的生活有两个变化，一个是中堂，一个是书房。先说中堂。天道是什么？是中国人的信仰。中国人的信仰是融入在生活当中的，中国人的信仰里有土地神、水神、龙王、观音等。而在中国的宗教里，是生活当中什么时候遇到什么，什么时候有信仰。因此，中国的信仰是融在柴米油盐酱醋茶当中的，我们将这种以家庭为核心的信仰叫作中堂。今天我们把中堂丢掉，变成了什么？变成了电视背景墙，我们把最神圣的东西变成一个娱乐墙，所以我们很容易没有家庭责任感。再说书房，中国人向来是一个文明之国，每个家庭原来即使再穷再富都会有书房，而我们今天的书房变成了麻将房，这对中国人来说是致命的一击。在中国的乡村建设当中下一步要做的工作，就是推动精神层面的乡村工作。

农民的信仰是一切围绕生产与生活，生活就是信仰与文化。"天地君亲师"是农耕文明的天平。家中没有中堂，男人不愿在家；家中没有书房，吃喝嫖赌上桌；家中没有祠堂，老人没有人赡养；家中没有菜地，市民度日如年；家中没有养猪，城市开始不安；家中没有祖坟，中国出现乱象。每一个中国人都会面临这样的问题，农民以村为天，以田为地，人有谱，家有祖，族有祠，村有庙。农民是独立的小农经济，而且集体精神很强。

农民有道德上的诚信，又缺乏市场经济的契约精神。人在做，天在看，头顶三丈有神灵，乡村有很强烈的顺应主义与忠孝精神。

村民家里尚存的中堂有些杂乱
（来源：北京绿十字办公室）

中国式民主是中央集权与村民自治，因此我们不是没有民主，只是我们没有认识到我们到底是什么样的民主，中国人的民主是高度中央集权与宗族制下的村民自治。

农耕文明是怎么来的？顺序是先找到农田，有地才会来人，有人才会建房，有房才会有村。今天的农民一旦失去土地，人就不会回来，一旦人不会回来我们建很多村落就没有意义，很多古建筑也没有任何意义。没有了农民还有中国吗？所以田、人、房的根是人。

现在很多问题是让农民直接进入市场，让农民的房子进入市场，就是现在的"两权抵押"，抵押前先确权。这对中国的未来来讲是非常有害的。社会上的金融风暴也好，生产过剩也好，经济危机也好，之所以不会涉及农民的利益，是因为农民 85% 的东西是留着自己用的，农业远离市场。

农耕文明之所以能在九千年当中保留下来，就是大国小农与家族制的人力关系。不涉及市场风险，这是农耕文明当中特别重要的一个因素，中国农民种了九千年田都能养活自己，怎么到了今天，连续十年丰收年还养不活自己，这绝对不是农民的问题。

我们现在这条道路的很多做法明显是错误的。农民是不讲市场的，农民生产的产品 85% 是自己消费的；农民与农民之间没有竞争，只有帮助与交换；农民没有退休与就业，社会永远与他们相伴；农民老了不用进养老院就有天伦之乐，做官与生意人老了才会落叶归根；农民法律是底线，道德是孝道与标准。农民侍候土地就像对待自己孩子一样，工业文明和现在所有的科技文明都做不到这件事情，所以说我们要做的工作就是如何让农民守在自己的土地上，让大国小农成为自己发展的方向。若我们违背了这种大国小农的方向，我们追求高产量，我们追求快速，最终都会失去"大国"。

农耕文明就是种田、田人合一、传宗接代、建房筑祠。人道，孝道，是有温度的民主。无论是天主教、基督教、伊斯兰教、佛教，都在解决人类生死的问题，但是东方文明当中用生活方式，最质朴的方法——"孝道"解决了人们最向往的生与死的问题。

中国不复杂，其实整个中国只有一本书——家谱。中国人只要有姓，就是有家谱，有根。如果要管理好农民，就是从家谱开始，从家谱到祠堂到宗教到书房，完成了中国家族当中特别重要的东方文明的礼仪、形式。中国有 24000 多个姓，其实 100 家姓的人口就占了 92%，中国的皇帝只要管好这 100 个姓就管好了中国，所以它不复杂。怎么来管？就是通过家族，通过宗祠。中国古代统计人口是用宗祠来统计的，来鉴别 600 年内是否出现近亲婚姻。

金山村叶氏家庙
（来源：北京绿十字办公室）

中国人做官报效国家，退下来回到村里要做三件事，一是孝顺父母，二是做乡绅，三是教育。民做官，官变民，几千年一直这样轮回，这是中国的大文明，可惜丢了。

家在西方是住，在中国是教育与文化，是一种宗教或者是一种教育，从进门开始到灶王爷和土地公，形成一套完整的村规民约。中国的国家是"堂"，堂上面是太阳，下面是房子，中间是人，下面是土地，这是典型的中国文字"堂"。它也是家的灵魂所在。堂、宗祠、组村镇、道德与法律、穷不丢书、富不丢猪，形成了东方文明之中轴。

天人合一是乡村，天人分离是城市，这就是中国城乡文明的基本状况。我们大国是因为小而美。农耕文明的文化，中国的文化讲的是天人合一，讲的晴耕雨调、日落而休、日出而耕。地、人、房、村、镇形成一个完整的生态与生产体系。小孩、青年、老人、女人、男人、出家人、鬼神完全融入乡村生产体系。

郝堂村净化污水的荷花池中坐落的观音像是大众的一种信仰
（来源：北京绿十字办公室）

　　乡村建设的本质是要由农民参与。种田是乡建的目标，有农民、生活和生产才叫村庄。我们讲到贫富，首先我们要认同，贫富一定是正常的。第二贫富是相对的，永远不可能消灭贫。贫富是一种动力，贫富是相互依存，贫富还有物质和精神之分。乡村建设当中，我们有很多错误的理解。比如说农业，我们老说要给他们制造产业，中国农民种了几千年农田就是产业。我们经常说农民就业，几千年前农民没有就业这个概念，也没有下岗这个概念。中国农民一直是精耕细作，而且我觉得是全世界最好的。到现在为止，我们学西方的大棚经济、转基因作物，其实学来学去还是中国的农民最好。同时，社区是城市人的概念，农村不叫社区；农村不叫民主，农村叫自治；耕读、养老，农民叫孝道。有机也是西方人的概念，这些都是我们强教给农民的一些不属于他们的概念。我们一直坚持把农村建设得更像农村，是现代文明中的农村。但我们在做农村的时候特别希望把农民原来的生活方式保留下来，把农民的生产方式适度的融入现代，而这个度非常重要。

有村民问我现在农村污染的特别严重，有什么好办法？我跟他们说，今天的中国农村人口比30年前少很多，人口的压力比过去少60%，30年前人口那么多的时候没有污染，今天少了那么多人为什么会有污染呢？是因为我们把城市里的那一套污水排放系统引入到了农村。中国农村过去把污水叫肥料，城市人则把它当作污染来处理了，农民向城市学习以后，也认为它是污染。包括农民现在用的洗衣粉，本来也不是污染，而是肥料，应该转换成农田用的肥料。把它看作污染来处理，本身就是错的。

现在农民的审美观发生了很大改变，对以前的传统工艺逐渐废弃。我们做了很多村庄，目的是想让更多年轻人回来。只要年轻人在，我们讲的很多三农问题就没有那么复杂。我们做过不下十几个像郝堂村、西河村这样的村庄，我告诉村民我们是在同样一片蓝天下把这些村庄建成的，在农村是空巢的时候建成的。为什么能做到？因为现在是建设最好的时代。政府和我们的目标是一样的，都想把农村建得更好。翻开最近一百年的历史，没有哪个时代比今天更好。如果在今天这个时代做不好乡建，我们就无颜见江东父老了。我做过的村庄，不仅老年人回来落叶归根了，青年人回来了，成功的创业者也回来了。我写了一篇文章叫《乡绅在崛起》，说的就是这个时代。还有一篇文章叫《中国未来三十年》，从中可以看到未来的中国可能是什么样。

农耕文明，简言之就是让年轻人回来，让鸟回来，让民俗回来。我们希望把农村建成城市人向往的养老的地方，农民安居乐业的家。用哲学思维解决生和死的问题，并把它解决的很完美。

郝堂村回乡创业的年轻人
（摄影：姬东）

　　城乡之间到底是什么关系？只有让乡村慢下来，慢生活，城市才能快发展；只有让乡村有自然经济，才能保证城市的超自然经济；只有村庄留住根，才能让城市更现代；只有让农民自信，才能让市民有幸福感。这些都是相辅相成的，只是我们往往看不到事物的另一头。我们做过很多乡村项目，包括桃源村、郝堂村、樱桃沟村、太子山镇，以及"4 • 20"雅安灾后重建的雪山村与戴维村。

　　近几十年当中，我们每个人都能感觉到中国正在发生变化。河南新县是我们做的项目之一，"英雄梦 • 新县梦"燃起了新县人的希望，也燃起了更多乡村的希望。我们希望更多人加入到乡建项目中，来寻找自己的梦，寻找我们心中的中国。

孙君在太子山镇植树
（来源：北京绿十字办公室）

二

合作共生，美丽乡村发展之道

刘文奎

中国扶贫基金会秘书长

美丽乡村能建成一定是合作共生的结果。扶贫基金会成立于 1989 年，主要在做减灾扶贫、健康与卫生、教育与成长、社区与生计四大领域的工作。扶贫的对象是农村贫困人群。我们实施两轮驱动的扶贫战略：既授人以"鱼"，也授人以"渔"。一方面对一些暂时没有劳动能力，暂时困难和永久没有劳动能力的人给予资金和物资的帮助。另一方面对一些有潜在劳动力的人进行打鱼方法的教授，让他们学会自我发展。我们去年通过捐赠的方式投入扶贫资金 4 个亿，以贷款等方式投入的扶贫资金超过 40 个亿。

我们是 2004 年开始尝试以一个乡村整体发展的方式进行扶贫探索的。12 年的探索中，我们一直在讨论村庄怎么样发展，怎么样摆脱贫困的境地。2004 年我们在四川大凉山建设了两个村，2008 年汶川地震之后我们在德阳建设了一个村，2011 年玉树地震以后我们联合 7 个村做合

作社，2013 年雅安地震之后我们建设了雪山村和邓池沟村 2 个村。经过
10 多年的探索，我们认为找到了贫困乡村发展的基本规律和方法。首先，
农村可持续发展一定要跟市场对接。只有与市场对接，与市场形成价值
交换，农村才能获得可持续的收入来源和发展动力。其次，跟市场对接
的关键在于产品和服务。农民要生产市场能够接受的合格的产品或服务，
才能提供可参与市场交换的使用价值。第三，农民提供合格产品或服务
的基础是学会合作，形成规模化生产。我们发现村民单家独户的生产方
式既解决不了规模和效率问题，也解决不了质量的问题，所以需要成立
合作社或者股份公司合作经营。目前国家的政策是合作社有一些特殊的
优惠政策，所以通常都是成立合作社。基于这样的认识，以合作社为基础。
我们做了两个项目，一个是美丽乡村，一个是善品公社，善品公社是我
们的电商扶贫品牌。

美丽乡村之南峪村
（来源：中国扶贫基金会）

关于美丽乡村，我要讲一讲雪山村灾后重建的故事。雪山村是雅安地震后的灾区重建项目，它在我们原来合作社经验的基础上进行了升级。我们的做法是把村民组织起来建立合作社，进行资源整合，在靠近市场或有独特旅游资源的地方搞乡村旅游。进入雪山村后，我们先是跟专业的团队合作进行村庄的整体规划，确定村庄的总体定位。然后是建设村民合作社，让所有村民都参与进来，把我们的捐赠资金量化成村民人人有份的股份，用最简单的方式把村民的积极性调动起来，让他们共同关心和参与村庄的建设发展。

具体到雪山村的项目内容，鉴于当时村中房屋坍塌殆尽，需要重建住宅。根据我们以往的重建经验，我们想与其花几十万建一个只能用于自住，只能用作消费品的住宅，还不如增加一点预算，建成一个个既可自住又可接待的民宿。一楼让村民自己住，二楼三楼供游客住宿。这样民房就从一个单纯的消费品变成了生产资料，可以为农户创造收入。雪山村从2013年开始建设，到去年9月份村庄开始试营业，去年年底扣除各种成本和村民经营户的收入全村收入5万多净利润，村中500多人每人分了100块钱。钱虽然不多，但这是老百姓在自己家门口靠自己的劳动赚到的分红，所以他们由衷地喜悦。现在路还没有修通，修通了以后到成都的车程大概只有两个半小时，那时这里的乡村旅游才真正开始，我相信更多的利润也会随之而来。

另一个是反排村的故事。这是2013年我们跟民生银行进行的合作项目，与雪山村项目相比，这个项目进程比较慢。目前合作社已经建设起来了，虽然还没有开展民宿旅游，但村里一些文化活动已经开展起来了，去年的总收入大概有10万元。

美丽乡村之雪山村
（来源：中国扶贫基金会）

　　善品公社是我们的电商扶贫项目，也是以合作社为基础的。所谓"公社"，大家都知道是很多村的联合体，而善品的含义，第一个是"好东西"，第二个是行善，"消费善品就是在帮农民做善事"，因此我们取名"善品公社"。

　　在做乡村建设的时候，我们考虑最重要的方面是如何帮农民增收。一种方法是像前面的美丽乡村一样搞乡村旅游，但我们发现不是所有的农村都有条件做乡村旅游。我们又想到了销售农产品，希望农民生产出来的东西，品质提高后能卖个好价格，增加农民的收入。但是现在很多农产品都有农药残留、添加剂，比如三聚氰胺等，让消费者难以放心消费。有人说这是因为农民为了赚钱不讲道德，而通过我们深入的调查，发现结论不是这样的。目前的市场环境下，农产品的定价机制让农民们无路可走，层层的批发，层层的压价，作为市场定价机制中最没有话语权的农民拿到的钱是最少的。在这样的一个定价机制中，农民只有增加产量，降低成本才能增加收入。如何增加产量？增加产量就需要增加化肥的用量，甚至使用增大剂。怎么降低成本？降低成本就是用除草剂，省去部分人工把成本降到最低，这样才导致有害的农产品被生产出来。所以食品安全的本质问题是农民生产出来的东西得不到市场认可，也没有给予他们合理的价格，从而导致低质和低价一直恶性循环。

有没有解决的办法？互联网和基础设施的进步让我们看到了新的可能性。一方面互联网使我们的产品可以直接面对消费者，而不用再经过层层的批发。另一方面，基础设施日新月异，高速公路四通八达，大部分农村也有了水泥路，这些都会增强运输的效率，减少损失。现在政府也投了大量的资金，大的电商平台阿里巴巴、苏宁、京东都很重视农村，几乎把网络通到了每个村民的家里。但是这样我们的农民就能把自己生产的产品销售出去吗？不能，其中还有三大瓶颈。第一个瓶颈是小农生产没有足够的规模和生产效率。第二个瓶颈是质量问题，大家为了利益最大化使用化肥和农药，最后谁都不会为质量负责任。第三个瓶颈就是我们生产出来的东西销售难的问题。开一个网店不难，但是，要在上千万家网店中脱颖而出，让消费者找到你、购买你的产品，仅仅靠农户自己的力量是难乎其难的。

善品公社就是以合作社为基础，解决效率、品质、品牌的问题，突破农产品电商的三大瓶颈。第一，提高生产效率，扩大生产规模，保证满足市场的需求量。第二，建立我们的品质控制体系，让农民互相合作，形成利益制约的机制，使得每个人都不敢生产违规农产品。第三，我们以品质为基石向渠道授权，形成统一的善品公社品牌为合格的农产品销售平台。在传统的销售方式中，农民的利益大多被流通中间环节拿走了，我们希望通过互联网把中间商的利润返回给农民，让农民增收，从而避免劣质农产品的产生。我们善品公社的使命就是要让农民诚信生产，获得应有的价值。就比如石棉县的黄果柑，我们跟腾讯和苏宁易购合作，在3月9号开始销售，仅仅10天的时间，就销售了10万多斤。原来黄果柑售价1.2元到1.3元，农民只有几毛钱的利润，但是现在我们直接以3元钱的价格向农民收购，农民收入提高了一倍。

石棉县的黄果柑
（摄影：陈梓祥）

我们乡村建设的项目是由社会责任资本启动的，它包括政府的投资、企业的捐赠，以及返乡青年、大学生设计师回乡创业等，这样的资本是我们的合作对象，片面追求利润最大化的投资我们不欢迎。当社会责任资本投入进来后，我们跟当地政府合作，动员村民组建合作社，然后，在这个基础上，我们或者做乡村旅游，或者通过善品公社生产出来优质的农产品，最后帮农民增加收入，这是我们美丽乡村一个基本的模型。因为诚信生产的农产品质量可靠，获得的价格合理，所以利润增加。我们通过合作社的制度设计把一部分的收益用于村里的公共服务，并整合村里面的一些公共资源。我们认为乡建的理想状态是乡村通过产品和服务与城市实现有效的价值互换。这才是一个可以重复的故事，一个可以预见的未来，我们用十几年的探索证明这个模式是可行的。

　　大家心目中的乡村都很美，但是怎么来建造？我想就要回到共生。把资源交给有能力的人去做并不代表所有的利益都让他拿走，而应该是大家共享。因此，在乡村建设合作中我们的政府、设计师、企业都应保护村民的利益，如不考虑村民的利益，我觉得所有的设计、投资都是站不住脚的，都是难以长久的。

石棉县黄果柑合作社果农
（摄影：陈梓祥）

三

有健康才能小康

翁永凯

爱心基金会会长

《中国人类发展报告》里面提到，"人类发展的最高目标是两全发展观，即全社会成员的共同发展和每一个人的全面发展"，具体来说就是希望中国的老百姓都能够共享改革开放的成果，过上健康幸福的生活。美国著名的中国问题专家季北慈教授曾指出："21世纪中国能否成功和平崛起，不仅在于国际上政治、经济、能源和军事力量等方面的角逐，更重要的是取决于'人力资本'和'人力资源'的竞争。"这里的"人力资本"和"人力资源"就是指健康的人。没有健康的人，即使我们把村庄方方面面建设得再好也无法发展。季北慈教授说，现在经济正在完成意义深远的全球化的转型，持续地从以自然资源为基础的财富转变为由人的知识和技术造就的财富。因此"人力资本与资源"已成为世界经济发展潜力中最显著的和越来越重要的因素。所以我们现在越来越关注健康，十八大专门提出来"健康中国"的理念。

什么是健康？健康不仅是指一个人没有疾病，更多是强调心理、生理、和社会的适应。健康的四大基石中首当其冲的是要有阳光的心态，其次要有充足的膳食营养、适量运动和高效的睡眠。在世界卫生组织发布的报告里提到，影响人类健康的最主要因素是生活方式。60%以上疾病的产生是我们不健康的生活方式和生活习惯造成的，而医疗真正对我们健康影响只有 8%。过去的 30 年中国经济取得了举世瞩目的成绩，但这个成绩是以人民的健康和环境的污染为代价的，所以现在中国在健康领域面临非常大的挑战。是什么在危害健康？除了慢性病和传染病的双重威胁，有人口老龄化和人口结构问题，国民整体素质不够。还有医疗体制改革的制约，我们通常对医疗非常关注，但是对预防关注不够。还有环境污染，我们的空气、水源、土壤严重污染。再就是城镇化进程给人民带来的巨大挑战。中国 1999 年跨入老年社会，至 2014 年底，中国 60 岁以上老年人口达 2.12 亿，占总人口的 15.5%，其中 4000 万为失能和半失能老人，15% 为 80 岁以上老人。据第六次全国人口普查，2010 年末中国残疾人总数达到 8502 万，占人口比 6.2%。全国现有慢性病患者近 3 亿，其中一半慢性病发生在 65 岁以下人群，平均每年增加 1000 万以上。平均每四个人就有一个高血压，每十个人有一个糖尿病。2005 年的数据，全国有 1600 多家有害企业，459 个癌症村。另外不孕不育的适龄夫妇比率从 1990 年的 3% 上升到 2012 年的 12.5%~15%，2014 年不孕不育症患者达 5000 万。另外，中国的烟民超过 3 亿，2005 年因吸烟付出的总经济成本达 3000 亿，现在的情况仍然处在上升状态。

除此之外，2009 年卫生部发表数据，中国各类精神疾病患者逾 1 亿人（占总人口 7.7%），其中重症精神病患者超过 1600 万人。调查显示改革开放以来 GDP 飞速增长，而社会急剧转型期，严重的社会分化造成心理失衡，GDP 的飞速增长与社会急剧转型期的精神疾病增长成正比。

在营养问题方面，德国黑森林研究所对一些食品进行比较发现，从

1985 年到 1998 年的 13 年间食品中的营养素含量在急速下降。日本厚生省（卫生部）从 1945 年到 1995 年在同一个地区同一块土地测同等量菠菜的维生素 C 含量，50 年间里维生素 C 的含量从 150 毫克下降到 8 毫克。所以我们在吃饭的时候，不要以为我们摄入了足够的营养，实际上由于土地肥力减低和污染等原因，我们现在吃的同等量的蔬菜和食品，营养素已大大减少了。

2011 年世界银行报告指出，当今及未来影响中国人健康、导致其过早死亡和残疾的首因是慢病。现在心血管疾病、糖尿病、慢性呼吸道疾病和癌症等慢性病已成为国民健康主要威胁，占死亡人数的比例超过80%，占国家疾病总负担的 68.6%。世界银行测算，在 2005 年到 2015 年期间，包括心血管和糖尿病的三种主要慢性疾病对中国造成的经济损害可达 5500 亿美金。如果心血管死亡率下降 3%，则每年经济收益可达到 2010 年国民生产总值的三分之一（34%，约 5.4 万亿美元）。因此，如果现在我们不关注健康，那么将来整个国民经济增长所带来的财富都会被吞没，将这部分钱都拿来看病也不够，历史上没有任何社会能够承受这样的负担。

我们现在非常重要的任务就是如何遏制中国慢性病的流行，未来五年是我们遏制慢性病的关键时期。慢性病主要是跟人们的生活习惯有关系，只要我们改变不良的生活习惯，这些慢性病都可以得到控制。2011 年世界银行给中国的报告里面提到，中国应尽快制定出有效应对日益增长的慢性病负担的，多部门，甚至是全社会参与的策略，深化当前的卫生体制改革，使其更好地满足人们的需求。

现在的慢性病大多都是吃出来的，我们怎样去预防慢性病是一个非常重要的问题。绝大多数还处在亚健康状态的人要学会保护自己，保护家人，不生病、少生病、晚生病，保持健康的状态。2013 年 8 月新县启动"英雄梦•新县梦"公益项目，其中的一个子项目即为健康项目。我们的目标是"将健康融入所有政策",主要构建以家庭和社区为基础的全民健康预防体系。现在如果人们得了病,只是去想如何去找一个好医院,找一个好医生,或者只是指望政府。这些想法都过时了,最好的方法就是采取措施来积极预防。2013年12月新县政府提出了"山水红城,健康新县"的发展战略,2014年5月成立了"新县健康促进行动委员会",要努力争取成为国家健康促进示范县。这个项目中,新县干部和村民从始至终是主体,政府机构、学校、企业、专家组和一些NGO组织也参与其中,目标就是倡导把健康融入所有政策,以新县为试点,来探索构建以家庭和社区为基础的全民健康预防体系,以及以政府主导、多部门协作、全社会参与、全民动员、多元互补的大健康机制。我们希望能有效地整合社会资源,提供全方位、高质量的健康服务,多元化、多渠道推动家庭与社区的健康发展。

新县健康促进县建设项目启动仪式
(来源:爱心基金会)

　　健康促进项目的总体框架主要有几点：第一，搭建一个好的领导班子；第二，组建一支有执行力的本土健康宣教队伍。2014 年 5 月吕县长担任这个班子主任，全县的各个职能部门加上各乡镇领导和工青妇、红会残联等 50 个单位分别与吕县长签订健康促进项目的目标和任务责任书，每一个单位都有他们的职责权，负责"健康融入所有政策"在本单位的落实，也就是将健康的任务和责任分解，形成多部门协作的大健康机制。同时，培养一支有执行力的专职健康社工宣教队伍，让他们深入群众开展慢性预防的宣传，并且组织开展包括疾病预防、妇幼健康、营养膳食、心理咨询等一系列活动，真正将民众发动起来。

　　我们的策略就是要鼓励创新实践，搭建一个具备资源整合、利用和共享功能的公共健康服务平台，通过有效的资源整合，逐步将国内外先进技术和项目试点吸引到新县来，积极促进多层面的交流合作，以期能够为基层提供全方位、高质量的健康服务。同时，我们要探索一套行之有效的工作方法和可持续发展机制，及时总结活动开展中发现的问题和经验教训，集各方所长、群策群力，深耕细作，逐步将基层健康促进工作流程化、标准化、规范化，在实践中探索一套行之有效的、可复制、可推广的工作模式，努力实现良性的、可持续发展的社会效应和经济效益，最终使基层大众切实受益。

　　新县领导对公共健康非常的重视，因为新县的健康促进先行一步，所以 2014 年 9 月 22 日，全国第一个国家健康促进示范区县项目的启动仪式在新县举行。新县健康促进调研座谈会开过十几次，每次我们把各方面的领导专家请到新县来考察时，吕县长和其他县领导都尽可能抽时间来参加会议，听取项目进展汇报和专家意见，并具体给一些指示。

　　健康教育和培训非常重要。我们如何把健康的理念、健康的知识、健康的信息有效地传递到基层，让广大群众能够理解、接受、并化为实际行动，这是非常重要的。我们的师资培训是由北京营养师俱乐部提供中小学生的食育和健康膳食指导，农家女发展研究中心提供妇女的组织动员和能力建设方面的指导，红枫妇女心理咨询中心提供心理健康方面的指导。2015 年 1 月，我们在新县第一次举办高级健康管理师培训，把各方的资源汇集到这里。新县现在有一个慢性病健康管理体验营叫"健康来吧"，这是我们在新县一步一步推动起来的，当然主要是依靠新县的领导和干部、群众。健康促进活动包括健康知识竞赛、健康厨艺大赛、健步、登山活动等，参与的民众越来越多。

西河村健康知识竞赛
（来源：爱心基金会）

新县光彩学校营养食育课
（来源：爱心基金会）

俗话说群众的智慧是无限的，新县卫计委有一位干部叫方元明，当时在会议中，他建议我们最好把这些东西拿给村民讨论，让大家对健康的理念和具体规范、标准、要求等达成认同，最后纳入村规民约中让大家共同遵守。每一个健康村都有健康领导小组，有相关措施，有自己的标准，还有村民的健康承诺书，这样的话，让大家都形成共识。现在我们把健康的知识理念教给民众，帮他们改变观念，普及健康知识，教他们学习怎么去交流，怎么去保护自己和家庭，怎样健康又省钱……我们相信，人民的健康素养和整体公共健康水平将来一定会有很大提升。

四

"农妇"是一种生活

邹莉莎
北京绿十字农妇培训中心负责人

花间小路是北京绿十字农妇培训中心的实践基地，目前占地面积十亩。它的来源一方面是我小时候的乡村生活经历和英国旅居时在伦敦郊外的农场经历，这些经历让我一直梦想着能有这样的一个地方。另一方面还要从 2015 年秋天我到桃源村说起。那时候的桃源村很漂亮，可是乡亲们最担心的不是乡村美不美，而是乡建的人走了之后他们怎么办。虽然都是农家乐，都一样做旅游，都一样做接待，但这家不会炒菜，那家没有更多的帮手，一个又一个的问题困扰着乡亲们。后来我们就在思考这样一个问题，外修环境大家都在做，而且做的非常棒，一个一个乡村改变了原来的样子，变成城里人喜欢的、愿意看到的样子，但是内修人文从哪里做起？如何让每一家人都有自信？让他们在自己的村庄里面，在这样的环境当中更好地生存和发展？所以我和孙君老师主导的团队产生了培训农妇的想法。

在农妇培训落地方面，我们经历过认真的分析。很多人说乡建对家庭的影响是不可估量的，农妇没有接受过高等教育，没有自己赚钱的能力，如何能够实现自己的梦想？我认为别忘了一样东西，那就是对美、对土地的热爱是每个人都有的。我们从妈妈身上传承了文化，传承了家族的修养，所以妈妈是一个家的魂，农妇也一样。所以，我们做的培训只针对农村的家庭主妇，我们给它起名为"农妇"，也是从那天起，我的微信名开始叫"农妇"。虽然花间小路只占地十亩，但功能非常齐全。在打造花间的整个过程中没有设计师，没有过多的经费，老房子没有动，该维修的维修，该建造的建造，该装修的装修，所以到今天为止总共费用不足百万。但打造花间小路着实花了我很多的精力，这是不能用钱来衡量的。

精心打造的花间小路
（摄影：黑木）

环境优雅的小院
（摄影：黑木）

　　在培训的设计过程中，我们首先做的是引导农妇观念的改变。第一期培训樱桃沟村的学员时，绿十字很重视这一次培训，孙君老师、孙晓阳老师几乎把能派出来的人全都驻扎在花间。我们并没有邀请很多人，采用农村惯用的直白交流方式。当时朱大姐她们来到花间对各种小摆饰都新奇无比，甚至说："这个破凳子刷了点颜色，再摆上个花盘，怎么就这么好看了！原来我们家还有这么多好东西，她们都把它用上了，而且不用花钱！到了花间我可以不用花钱就把没用的东西变得更美，然后放在我的小院里！"这就是农妇的第一个印象，我觉得我们以这种方式入手是对的。

　　对农妇培训些什么？如何对农妇进行培训？我们对农妇的培训首先采用的是讨论的方式，也就是大家常说的头脑风暴。比如花要怎么插，几人先一起讨论，然后再去花间的一个小角落进行设计。我们就这样一个问题一个问题地来，用最简单、最集思广益的方法对农妇进行培训。后来，我将农妇们的作品给设计师朋友看，他们都比较认可。在培训期间，所有的设计都是农妇们自己画，设计一个角落时一个三角形代表什么东西，她们都讨论得热火朝天，还利用中午休息的时候到那个角落用小砖块进行摆设。虽然有时候画得并不好看，但我们特别开心，为什么？因为她们开始自主了，开始用自己的眼睛发现美、寻找美、实现美。我们渐渐找到了和农妇交流、沟通的方法，并把她们变得更活泼，更自信了。我印象最深刻的是朱大姐，培训之初朱大姐说我去看一看，不行就回去，结果最后她是最不愿意走的一个人。她说自己家里的房子正在装修，因为花间小路她才知道如何装饰、如何摆设，所以她舍不得离开。我们就是通过这种不断讨论、分析、思考、总结，最后得出结论的集思广益的方法，让每个农妇都找到了自己的特长。

参加培训的农妇在积极讨论
（摄影：黑木）

我一直在想，我们到农村去干什么？我们去找什么？我在城里吃市场上买来的东西，到了农村吃的菜也是市场上买的，那么我为什么还要去？我还会去很多次吗？如果我们去到每一个乡村，它们都是一样的，都是像在城市风景区里面看到的卖旅游纪念品的地方，你还会去吗？恐怕去一次就不去了吧。

农妇培训中心就是要建立农妇的自信心，其实她们都很美，比如村里卖刺绣的阿姨，她们多么自信和骄傲，而这种美是不卖的。四川有一句谚语是"最好的媳妇在乡里"，城里人包括我会做女红吗？不会，很多东西都不会，但是在农村可以找到这样的人。这家饼做得特别好，那家凉粉做得非常好，每一家都有自己的强项和特点。而这些都是谁在做？是家里的女人们。因此，我们要激发每一个农妇的长处。令我们震惊的是，她们的格局都很大。培训结束之后，朱大姐她们几个人马上在自己的小圈子里进行了一个整合，朱大姐会做樱桃沟的一种小吃，娇娇家开始运作农家乐，她就希望朱大姐供应这种小吃给农家乐，这种整合能有效防止一部分的同质化和低价竞争。

培训过程中，农妇有了自信还不够，我们还会引导她们学会一些真正的本领。我们专门请来酒店、餐饮、插花等方面的老师，教农妇们把事情做到标准化，包括如何满足游客对餐具、桌椅的卫生要求。因为有了自信，所以如何使用和摆放玻璃杯、高脚杯等，她们只用了几天就都学会了。其实只要找对方法，用心和农妇沟通，培训很容易。

其实每一个农妇都不丑，稍经打扮她们就会容光焕发，主妇漂亮了院子就会漂亮，再加上设计师辛苦打造的建筑，乡村就更美了。农妇不是一个贬义词，她可以很骄傲地讲："我就是一个农妇，我有地有院有山有水，城里人有吗？"可能城里人等她问完这几句话就都深表遗憾了，或说我老家有。"老家有"这三个字恰恰就是我们做乡建内修人文最重要的东西，那就是"找回老家"。

71

农妇在学习插花
（摄影：黑木）

五

乡建恨晚・贵州中关村的乡建实践

洪金聪
978 乡村营造及中国乡建院九七华夏工作室主持建筑师

2015 年，中国乡建院来到桐梓县，考察了五六个乡镇的很多个村庄，最终选定了中关村。之所以选择中关村，主要有两个原因。一个是它的可复制效应，我们希望在这座 50 余户的小村庄里，能够探索出在贵州乃至更多的地方可推广、复制的乡建模式。另一个是因为靠近重庆，可发展避暑经济。因为每年夏天都会有五六万人来到桐梓，住上两三个月的时间。我们当时从发展旅游经济出发，对候选村庄进行了考察，并给政府提交了一个报告，最后通过排序选定了中关村来做示范。

人的乡建

在乡建过程中，我们一直认为人的乡建才是最本质、最需要的。因此，我们很注重人的因素，尽可能通过人来推动乡村的建设。

2015 年 5 月 7 日，改造刚启动的时候，我们召开了第一次群众会。

会上我们向村民和村干部描述了整个村庄建设的愿景。在此之前，县镇政府相继组织了考察团，到中国乡建院已经完成的一些项目点进行了考察。这次群众会很重要，因为它能让所有人达成一个共识，都朝着乡建这个方向努力。在这次群众会上，我们发现了村民的一个变化。与我们刚来时看到的愁苦、木讷不同，他们脸上流露的多是想试试看的表情，期望乡建能给他们带来发展的机遇，尽管当时他们对乡建还心存怀疑。后来再开群众会时，村民的疑虑不见了，讨论得非常热烈。

2015 年 5 月 7 日召开第一次群众会
（摄影：王贺）

就连村里的小孩也发生了变化。他们和设计师一起在墙上画画，做游戏布景。这之后再去跳房子时，孩子们会先到河边把脚洗干净了，然后穿着鞋再来玩，生怕把这个地方弄脏了。暑假时，我们还会教他们画画，或许他们之中将来会产生艺术家。以前村民来驻场办公室跟我们讨论的时候，会在房间里抽烟，而且屡禁不止，后来我们请小孩写了一个"办公室内请勿吸烟"的标识，结果情况就改善了很多。

说到人的乡建，不能不提内置金融合作社。我们通过合作社把农民再组织，盘活农村资源。通过合作社，村民的发展可以获得贷款；可以进行统购统销，肯定比他自己去买要便宜；可以给老人包红包；可以把村里的一些闲置房屋、土地等各种资源重新做一个整合跟盘活。我们还组织了一些厨师培训和商务礼仪的培训。希望将来发展乡村旅游时，这些培训能够助村民一臂之力。

陪伴式乡建

在乡建过程中，我们不是把图纸提交了，就等着验收，而是始终提倡"陪伴式"的乡建理念。我们会进入到每家每户了解村民的需求和他们对房子的各种想法。在此基础上再根据房子的地理位置、特点，来做设计方案。最后做出来的方案，村民不仅能看得懂，还可以向别人介绍他家的设计方案。我要特别提到本地的溶洞，我们在中关村的周边发现了12个溶洞，这是非常有特色的一个旅游资源，但在资源得到盘活之前，这样的溶洞不过是农户家猪圈旁边有冷气出来的一个洞口而已。

我们不希望乡建是一个"政府大包大揽，村民袖手旁观"的过程。因此，在做出设计方案后，为了让村民遵守村民公约，慎重对待乡建，积极参与到改造中来，我们会给村民发放报名表，他们同意后按上手印再交上来。同时还要交一定的保证金，这样村民对待整个改造就会非常谨慎。保证金交到乡镇政府，最后再退还。

在村两委组织的全村垃圾清扫中，村民的积极性非常高，就连小孩也参与了进来。从中可以看出，他们对发展的渴望，以及参与村庄建设的热情。在一些村民的屋子前，可以看到从混凝土块里长出来的小花小草，它们很多是村里的小孩一起播种、浇水长起来的。有的孩子连一满矿泉水瓶的水都端不稳，走到半路水都会洒完，但是也参与到了中关村的建设当中来。这样的故事，在中关村的建设中有很多。

与孩子一起的日子
（摄影：王秉峰）

乡建带来的改变

在中关村的改造中，我们尽量保留它原有的风貌、格局。比如，村子里一些零星分布的烤烟房和村民一直想要拆掉的木头房子，我们都保留了，只在原有的基础上做了一些保护性的改造，或对里面的基础设施进行了改善。这些建筑尽管对村民来说司空见惯，但对发展乡村旅游来说恰恰是一个特色。我们希望在尊重本土文化、延续本土文化的基础上，来实现中关村的产业转型。这个过程并不太容易，因为改造中会引入一些新材料，如现代的钢结构、玻璃等。我们还规定修建的房子不能超过三层，以便把中关村的空间风貌给保护下来。在改造过程中，我们就地取材，选用本地的一些建筑材料，以便保持它的本土性。

中关村改造前风貌
（摄影：王贺）

　　我们第一次来到中关村的时候，在村子里很多村民的屋子前都看到了一个纸篓子，经了解这与当地的文化传统有关。村民在平时生活中遇到有字的纸都会保留下来，放在纸篓子里，最后统一在河边烧掉。因此，我们在改造的过程中，在河边离烤烟大棚 30 米的地方修建了一个敬字亭。

　　在中关村，烤烟经济可以经由政府的支持，统购统销，是当地第一产业经济的支撑。村子里很多地方见缝插针，都种植烤烟。所以我们制作的村标，是用烤烟大棚提炼出来的一个形象。河边原本孤零零地矗立着一个传统的木头房子，改造后它不再那么孤单，因为它的周边又建起了两个新的房子，而且是用比较乡土气息的材料打造起来的。

　　村民徐儒建家的烤烟房，原先堆满了杂物，打算拆掉。改造成民宿后，晚上把灯关掉，向上看就可以看到星星。其他村民看到后，也不再拆掉自家的房子，开始建民宿。当中关村还没有实现产业的完整转型，这些民宿可以为来乡村旅游的客人提供不错的住宿条件。改造开始后的一年多时间里，来中关村旅游的人增加了很多。

中关村村标
（摄影：孟瑶）

烤烟大棚改造后
（摄影：丁沁）

村里的烤烟大棚，原本非常简陋，基本上只能遮风挡雨，经改造它成了举办中国乡村复兴论坛的会场。我们还利用回收的材料在村里建设了一个儿童游乐场。小孩在里面玩耍时非常快乐、自信，这种面貌我们希望在全村人的身上都能看到。这也是我们的一个愿景，说得更具体一点就是，"中关变成公园，家家经营宾馆，月月都数钞票，人人皆当老板"。

徐儒辉的新屋落成时，他贴了一副对联，上联：党政得人心领导干部为民发展奠定宏基，下联：中国乡建院专家技术精心设造大厦落成，横批：党恩永存。虽然得到了村民的感谢，但我们对中关村的改造还只是到了一个中间阶段，希望未来建设的过程中，各地的能人志士可以为中关村贡献自己的力量。

乡村·文化

第三章

一

村落文化景观的变与不变

杜晓帆

复旦大学文博系教授
联合国教科文组织文化遗产保护专家

乡村到底怎么做？其实我自己一直也是在探索之中。虽然从 2000 年开始，我就在做一些村落文化遗产保护的工作，但是面对很多的问题，我有时也会感到非常困惑。那个时候在国内关注乡村、关注村落遗产的人很少，所以做乡村文化工作的人也许会觉得很孤独。但没想到近两年，走在哪大家都在说乡村，全国各个行业的人都在关注村落的事情。这似乎印证了毛泽东主席以前说过的一句话"形势比人强"。政府的力量比专家学者的力量强得多，政策导向的力量来了以后，村落的保护状态马上发生了很大的改变。

保护文化遗产是人类的精神需求

我们为什么要保护文化遗产？

首先，人类能够发展到今天靠的是知识的积累。其实五千年前出生的人和今天出生的人智力变化是很小的，今天的人之所以比五千年前的人聪明就是因为知识的积累，我们不可能向未来学习，想进步就必须借鉴于历史，文化遗产是我们学习古人智慧的一个桥梁，所以需要保护。

其次，两百年前的产业革命给我们带来最大的一个变化就是人对世界的认识变了。人类追求的目标变了，物质成为了我们追逐的最高目标，虽然现在我们很愿意谈回归自然，但物欲丝毫不想减少，住房小一平米都不干。同时，由于现在国家经济的滑坡，我们需要精细化的劳动，就开始提倡工匠精神，但是我们这个民族原来是瞧不起匠人的，现在只是临时抱佛脚罢了。面对现代社会，人们对世界和人生在意识形态方面的变化，我们又觉得精神文明也是人类需要传承的，这些精神在哪里？很多是在所谓的文化遗产中。所以我们有必要对村落文化景观进行保护。

第三，大家应该都还清楚的记得，2011 年日本地震后发生海啸时，我们在电视画面上看到一个一个的城乡被淹没，由于正值中午，很多地方还发生了火灾，气仙沼市就是受灾最重的区域之一。2015 年 3 月，我去日本仙台参加联合国防灾会议的时候，有幸前往气仙沼考察。虽然地震已经过去了四年，当地的住房状况、商业街区并没有得到很大的改善，与汶川两年就建成一个全新的面貌截然不同。很多地区的人还是住在临时住宅里，商店街也是临时建筑，有些店铺就是用帐篷搭建的。尽管如此，我发现他们已经开始靠一些基金会的支持和自己仅有的力量修缮一些有历史价值的店铺，同时，非物质文化遗产的一些活动也在恢复。当时我非常感慨，就询问了一些当地居民："当你们自己的生活还没有安定，自己一家还没有住处的时候，为什么同意首先修缮这些老的店铺？"当地的老百姓回答："因为我们只有看到这些店铺重新建立起来，两三百年前的房子重新在这里树立起来的时候，才会觉得我们的先人选择在这个地方居住是没有错的，我们才有勇气在这里继续活下去。如果没有这些东西，我们会觉得先人选错了家园，会离开这里"。这给了我很大的启发，文化遗产不是只有物质形态的价值和被外界关注的那些价值，在社区复兴的过程中，其社会层面、精神层面和知识层面的价值更重要。因此，如果13亿中国人内心对传统没有需求，只依靠旅游、依靠外界对传统村落的兴趣就想把传统传承下去是不可能的。就比如西河湾，如果西河湾的村民觉得他们住在这里并不好，并不希望住在这里，住在这里只是为了发展旅游，我想这种保留可能也不会太过长久。即使保留下来，与西河湾的村民也关系不大。2016年全国人大会后李克强总理在回答记者提问时讲："文化遗产是滋润道德的力量"。我觉得讲得非常到位，文化遗产的保护是由人类物质需求和道德的需求共同决定的，而不仅仅是它作为旅游资源而具有的外在价值。

乡村复兴的路径不只是旅游

乡村发展依靠的是什么？很多专家讲："乡村依靠的就是农业，农业生产是它最基本的特征，如果没有了农业，乡村是不存在的，或者说我们所谓的乡村已经不是真正意义上的乡村。"但是现在许多乡村的农业占比实际上已经很小了，空心化是事实。那么，现在保护乡村文化的主体是什么？我们在为谁保护？我想我们可能需要做一些更广泛的研究。第一，我们国家在逐渐推动城镇化和工业化的过程中，还需要多少乡村？包含多少人口？第二，哪些乡村是依赖农业而发展？第三，乡村文化的保护是否只有一个旅游的模式？许多乡村建设的案例给我的感觉是乡村的复兴和保护好像只有旅游一条路，离开旅游我们似乎就无路可走了。不过是不是所有的乡村都可以做旅游？我一直有疑惑的。现在，我们处在变革的时代，我们面临的问题和欧洲不一样的，乡村是我们的问题，他们在两三百年前已经解决。因此我们可能需要寻找一条属于自己的道路，同时要放眼我们周边的国家。

我想分享两个亚洲的案例。我们的近邻日本，有一个在1994年成为世界遗产的村子，叫白川乡和五屹山，现在中国去日本的旅游者也有很多人去这个村子。由于靠近日本海，冬天雪大，加上以前家家户户养蚕，村里的房屋建设很有特点，一般称作合掌式建筑。我们看过的很多历史剧都是在这个村里面拍摄的。上个世纪六七十年代开始，这村子的村民就开始了自发的保护，他们很有保护自己文化的意识。当然，专家、政府也给予了相当的关注。很多所谓的小资女性愿意长期生活在村里，体验美景和民风。随着日本经济发展走向衰退，高速公路、水库等大型工程变得越来越少，原来村民中擅长的木工建筑工人，由于传统建筑的需求日益减少，渐渐难为生计，许多外出打工的村民只能重返村庄。过去，种植水稻是他们日常生活的必须。而今，由于人口的增长，以及其他产业的发展，农业生产已经变成了副业，一些村民开始参与旅游服务。现在每年到了插秧的季节，很少的插秧人被大量的游客和记者包围着，赖以生存的生产方式似乎变成了一种表演。文化是不是可以用来表演？一旦成为了表演的文化遗产，其意义会发生什么样的变化？日本学界和社会也是存有疑虑的。让人欣慰的是，白川乡的所有保护规则都是由村民自治委员会制定的，白川乡的旅游人数在去年虽然已经达到了173万人，但是村落的主人还是村民，村民的日常生活并没有太大的变化。

日本世界文化遗产白川乡
（摄影：杜晓帆）

　　韩国也有两个成为世界文化遗产的村子，一个是庆州的良洞村，一个是安东的河回村，它们同时于 2010 年进入世界文化遗产名录。虽然同是传统村落，但两个村子的保护与利用的方法迥然不同。良洞村距离庆州市很近，开车大约 40 分钟就可以到达。由于村民信奉儒教，所以比较传统，同时对商业不是很积极，喜欢过安静的生活。村里的人并不喜欢大量的游客，大多数村民在院门口挂起黄牌，声明这是私人住宅，请勿打扰。村里没有什么经营活动，也很少能够看到村民，明显可以感觉到村民对游客抵触的态度，有些村民甚至后悔村子成为世界遗产。另一个是安东的河回村，这个村子早先就比较富裕，出过很多官僚，所以村中很多人早年已经搬去大城市生活，村里几乎没有了原住居民，但是建筑得到了比较完整地保存。发展旅游在这个村子很早就开始了，许多院子成为民宿，说是村庄，其实就是一个保留了乡村建筑的纯粹的旅游地。为了满足游客娱乐的需求，在保护区之外还建了一个新的模拟村落，开展商业活动。同样是韩国的两个村落，它们的主人对待旅游的态度却截然不同。所以，我们还不能将旅游作为村落保护的唯一出路。

韩国世界文化遗产良洞村
（摄影：杜晓帆）

韩国世界文化遗产河回村
（摄影：杜晓帆）

　　另外，朱胜萱老师在哈尼梯田将传统民居改造为民宿，我想这是一种方式，但是不可能将所有民居都改造成民宿。即使有足够的资本将民居都改造，但哈尼梯田的核心还是梯田。虽然哈尼梯田进入世界遗产名录后有了政府公布的保护条例，但我觉得如果要坚守对世界遗产委员的承诺，就需要更大范围的政策支持。我们都知道梯田水系的维护以及水稻的种植，都是非常辛苦的事情，而且不可能由机械代替。如果种植梯田付出的大量劳动不如在街上摆摊卖一瓶矿泉水挣得钱多的时候，谁愿意去种梯田，谁又来维护梯田？同样也是梯田，被誉为天国的阶梯的菲律宾伊富高山上的稻米梯田是在 1995 年成为世界遗产的，但之后由于大量游客的涌入，加之气候的原因，2000 年变成了濒危的遗产。游客的到来，让当地人逐渐放弃种植梯田而去经营旅游服务业，无序的民宿出现在田头，而梯田本身却被忽视了。加上地震和气候等原因，梯田的状况不容乐观。经过国际社会和菲律宾政府近 12 年的努力，到 2012 年这里才从濒危名录中去除。同样的情况其实在国内也有发生，湖南新化县紫鹊界梯田规模不小，景观也很美，县里希望通过保护申报全球重要农业遗产，但因农民大多外出打工，很多家庭无力维护梯田水系，因此一些家庭就改种其他作物甚或任其荒芜。这些梯田中，有许多地方露出了土壤。对此，我也请教过农业方面的专家，梯田在农业生产中到底可以发挥什么样的作用？他们指出，中国解决农业问题绝对不需要靠梯田。梯田对解决中国的农业问题、粮食问题没有太大的意义，作为一种特色的农产品，或者把它作为一个标本去看是有价值的。但是，说到村落，我们又不得不关注其与农业的关系。随着时代的发展，特别是转基因技术引进后，农民可能不需要再付出那么大的劳动，就可以获得同等收成的时候，一些农业生产可能就失去了意义。农业开始萎缩，农业萎缩乡村肯定要萎缩，这时候我们就要对乡村进行分类、分级，而不是以一个模式去看待了。但是，没有农业后的村落，即使发展旅游，游客会因为仅存的乡村建筑而满足吗？总之，旅游虽然是乡村复兴的一条重要的路径，但不应该是唯一的路径，多样化应该是我们的最终出路。

村落文化景观的保护是动态和整体的结合

关于乡村我们有很多提法，有古村落、民族村寨、乡土建筑，还有国家文物局在全国重点文物保护单位时使用的古建筑群，和近来的传统村落，但我觉得都没能把乡村的事情涵盖了。乡村之所以叫乡村是和土地、山川联系在一起的，没有土地、没有农业、没有生产的支撑，就形不成村子，至少不是原来意义上的村落。同时，传统意义上的村落也不仅指建筑，它是有灵魂的，所以我愿意用村落文化景观这个概念。在文化地理学中，美国学者 Saure 给文化景观下了一个定义，就是人与自然互相作用的结果。文化是动因，自然物是媒介，文化景观是结果。我觉得这个概念对于我们理解一个村落有很大帮助。在看待任何一种文化遗产，包括村落，我们绝对不能把它定格在某一个历史时期，然后企图恢复某一个时期的面貌。村落是经过岁月的流逝逐渐发展形成的，不是靠设计师设计出来的，就像人的面貌会随着时间改变一样，村落每天也都在改变。日本的学者做了一个图来阐释文化景观的概念：人类在自然环境中生存，人的生活、劳作、风俗人情、信仰等都会随着岁月改变，就像年轮一样，是一个发展变化的过程。其实我们的村落文化景观也一样，也是活态的文化遗产，要保护的一定是一个历史的过程而不是一个断面，不能把活的过程切掉变成死的断面。保护文化遗产的目的并不是让这个地区停滞在某一个时期，而是要让其遗产价值得到提升的同时，让社区得到发展，让当地的人得到实惠，这才是最根本的目标。

村落文化景观的变化关键要控制好度

乡村民居被改造成民宿或者酒吧让外来人增加体验，是一种利用的方法，但是可以被利用的民居毕竟是少数。那么大量的民居老百姓可能还是要改造的，是会发生改变的，包括环境和产业。文化景观的变化是常态的，发展、变化是前提，是必然，村落肯定会变，不会不变。那么这种变是一个好现象，还是一个坏现象？我想我们很难评价，作为文化遗产的保护人能做些什么呢？我想我们要做的就是把握好一个度，不让它突然发生剧烈的、无序的变化。就像我们身体里的基因，它控制着细胞的衰老、凋亡。人为什么会得癌症，就是因为基因突然发生了变化。而对于文化遗产保护我们把握好这个度，也就是为乡村保护好基因，不让它发生突然的、剧烈的变化。

村落文化景观保护的建议

2008 年 10 月，我们在贵州举办了第一次村落文化景观保护与可持续发展国际会议，那次会议上我们提出并通过了《村落文化景观保护与发展的建议》，又叫《贵阳建议》。建议指出："一、鉴于村落文化景观的性质和特征，我们倡导保护村落文化景观，应当注重保护村落赖以生存的田地、山林、川泽及其生态环境，保护村落的居住环境，保护村落文化记忆，保持村落发展的基础和动力，实现自然和文化、物质和非物质、历史和现时的整体保护。二、鉴于村落文化景观是长期历史发展过程中形成的，并仍然在继续发展和不断变化，我们倡导尊重村落文化景观的演变特性，延续村落的文化脉络，维护现代社会文化多样性。三、鉴于村落文化景观保护和发展的复杂性，我们倡导政府在政策导向、法律体系构建、技术保障与资金筹措、资源整合等方面给予支持和引导。村民是村落文化景观的重要组成部分和保护的主要力量，重视村落发展诉求，维护村落文化景观发展途径的多样性。"

《贵阳建议》的提出是基于村落文化景观的整体性和发展特征，自然环境和生产生活的关系、人和村落的关系以及村落的发展趋势，都不是固定的，因此不同的村落应该也是不同的保护模式。虽然八年过去了，我觉得建议在当下仍有意义。

最后，我想强调一下，人是文化遗产的灵魂，我们不能忽略人。保护文化遗产首先是为了当地人，文化遗产应该是他们的需要，而并不是我们外来学者、专家或者旅游者的需求。仅仅为了满足外来人旅游的保护是不可持续的。文化遗产的最高的目标应该是满足人类精神的需求，如果我们精神上对文化遗产没有需求，那么我们的保护是没有意义的。当然，我并不反对文化遗产带来的延伸价值，包括经济价值，旅游价值等，但如果我们倒过来把第一价值变成经济价值，这就违背了我们保护文化遗产的初衷。

二

生态博物馆的中国时代

潘守永

中央民族大学多元文化研究所所长
中央民族大学教授、博士生导师

2016 年刚好是我做生态博物馆的第 10 年。这期间我发现国家用于生态博物馆方面的资金越来越多，中国开始进入博物馆的繁荣期。从 2002 年开始，中国基本每年增加 200 多座博物馆，最多的时候一年增加 400 多座。目前全国大概有 4000 多座博物馆，其中仅 21 世纪建设起来的就有 3000 多座，我预测在 2025 年左右中国将增至 8000 多座博物馆。生态博物馆建设需要经过发改委的评审，我评审过的有 70 多座，而且现在博物馆越来越大。乡村缺博物馆，城市里也缺，但缺得不是那么严重。我会分四部分解析生态博物馆的中国时代。

第一，什么是生态博物馆？生态博物馆的概念最早产生于法国，20 世纪 60 年代法国环保部长和文化部部长协商的时候谈到 21 世纪最大的问题就是环境问题，为了保护法国后工业时期的一些传统乡村和失去生产能力的矿区等遗产，他们提出了生态博物馆的概念。这个概念包括三方面：自然生态、人文生态和所谓的业态，即生计。

第二，贵州生态博物馆。中国是从 20 世纪 80 年代开始引入生态博物馆的，90 年代我们和北欧建立了合作关系，在贵州以北欧模式做了 4 个生态博物馆。北欧的特点是不太关注生计问题，有的博物馆最开始的时候是不欢迎旅客的。这和法国的博物馆很不一样，和日本、意大利的也不一样。

中国有以法国的方式进入的吗？生态博物馆目前发展到了什么程度？现在贵州有十几座生态博物馆。广西围绕自治区民族博物馆的建设，搞了"1+10 工程"，我大概参与了 7 个选址，都是法国的模式。如果贵州是第一代，那么广西就是第二代。云南也有十几座，只是云南没有叫生态博物馆，叫生态文化村，当然还有许多其他的。

安吉上张村山民文化生态博物馆
（摄影：潘守永）

　　第三，安吉生态博物馆。2006年的时候我有幸参与建设了浙江安吉的生态文化博物馆，它被誉为第三代生态博物馆类型。安吉竹林茂盛，有很多画竹子的大师，竹扇还出口韩国，同时盛产白茶。另外，当地饮食属于南方传统饮食体系，像喝竹酒等都是中国符号。中国·安吉生态博物馆最初设有25个展设点，现在已达到40个。他们做得最好的是产业，比如生产竹茶叶，饲养大熊猫，还请世界大师来办了两届竹雕节，《卧虎藏龙》里面的大竹海就在这里拍的。其实安吉还不是最火的，旁边有一个产业园已经做到了4A级。另外，安吉这个地方比较奇特，它有一段惨痛的历史，太平天国在这里杀了很多人。这个地方有两个县，目前总人口只有52万人，而根据记载太平天国在这里曾杀掉54万人，现在生活在这里的几乎全是外来人。因此，我们在安吉高禹村还做了一个更大主题的博物馆，叫移民文化博物馆。当地产业刚好顺应现在原生态市场的大趋势，首先是竹子产业，其次是白茶系列。我们很荣幸找到了一位老伯，他从1982年开始种白茶。习近平主席曾说"我们既要绿水青山，也要金山银山。宁要绿水青山，不要金山银山，而且绿水青山就是金山银山。"安吉就用实际行动验证了这句话。

安吉生态博物馆中心馆
（摄影：潘守永）

　　中国·安吉生态博物馆被誉为第三代生态博物馆，因此这些年我们被许多地方邀请参与博物馆的建设工作，松阳就是其中之一。松阳位于淞沪平原，是浙江三个最大的平原之一，有着深厚的农耕文化。松阴溪流经松阳，据介绍因为历史上松阴溪泛滥，才形成了如今的平原，所以当地想要以河流的治理历史为背景做水系文化。另外，当地提出以文化来引领乡村发展，我觉得这是一个有趣的创新，这在其他地方都还没有提过。

安吉彰吴村竹扇文化展示馆
（摄影：潘守永）

　　第四，生态博物馆能给乡村建设、乡村保护做些什么？我想大概可以做三件事情：第一，生态博物馆从理念上是一个生态形态，对乡村有生态和发展双重动态保护。第二，乡村文化和都市精英文化有同等的价值和地位，都主张把文化留在当地。80年代的北京经常可以看到类似红高粱餐厅这样的主题餐厅，它们就是把乡村的东西拿过来变成城市里的了。我们看到西方的博物馆里面有中国文物，而中国没有博物馆存放着西方的东西，为什么？因为过去中国很贫穷，现在乡村也处于这种弱势地位。因此，我们提出乡村博物馆建设就有理由把文化留在当地。第三，可以提升产业。乡村最大的问题是掌握不了命名权，特别是文化的命名权，好和不好都是别人说了算。而有了博物馆以后，农民就可以提升文化的自信。正如福柯讲的知识的背后是什么？是权利。所以乡村博物馆最大的贡献就是乡村赋权，让乡村掌握自己的命名权。

三

从乡村管理走向乡村治理

邻艳丽
中国人民大学公共管理学院规划管理系副教授、教授级高级规划师

我们说乡村很重要，重要到认为它是中国的一件大事，又是一件难事。老子说"天下难事必作于易，天下大事必作于细"，那么，我们就从更难的地方入手，来考虑如何把更大的事情做细。我主要与大家分享的是中国乡村的治理，内容将分为四部分：中国古代的乡村治理、当代乡村的管理制度、乡村治理制度的回归以及案例的研究。

中国古代乡村的治理

如今，有很多专家在研究古村落、传统村落、历史文化名村这些历史概念。众所周知，中国传统村落概念的界定是在民国之前，而中国 90%以上的村落是在新中国成立以后建设和发展的，这不得不引发我们反思：为什么中国传统制度土壤里会诞生那么多的美妙的东西？而我们在做了这么多努力后，村子那么丑、那么乱、那么脏，我们的错误在哪里？我

们是否要借鉴中国传统村落？在大量总结传统村落的形成原因后，我们
发现，传统的乡村和发展是有制度基础的，归纳下来有两种：正式的治
理制度和非正式的治理制度。

正式的治理制度是行政的保甲制和建设的工官制。行政管理中一直流
传着"官不下县"这样一句话，这一管理特征是从宋代开始的，国家和社
会的边界是县。现在国家与社会的边界是乡镇，乡财县管直接预示着乡
镇不是一个完全的政府，相当于一个派驻政府，这是管理制度的管家差
异。回到古代中国，不同时期的乡村行政管理制度存在差异，秦汉时期
强调三管齐下，唐代弱化行政管理，宋元强调社会治理，清末民国是自治，
而且当时自治趋势已经在全国开展。设立的工官制度全国适用，不分城乡，
是一个等级森严、缜密有度的国家城乡空间建设顶层设计。工官制度具
有专门的法律法规、管理机构和管理职责，涵盖城乡规划、建设、管理
的方方面面，建筑师所言的工匠制度是其中的一个组成部分，古代中国
能够产生那么多美妙的名城、名镇和名村与这个制度有关。

非正式治理制度是一种习惯，或者说是乡村运行的非正式法律。这个
制度有三个特点：第一，德化手段的传达。上面提到官不下县，也许有
人会问，皇帝的治国理念如何传递到乡村？科举制度、告老还乡制度起
到了把皇帝的思想传递到中国最底层的作用，也建立了城乡人才流动的
良性循环机制。第二，自治制度的形成。自治制度是最低成本的社会运
行制度。管制意味着到处有监控和警察，增加了社会管理的成本。传统
乡村治理依靠乡村权威（即乡绅）、物化场所（即宗祠、寺庙）和乡规民
约来治理的。第三，社会规则的约束。乡规民约里有很多建设运营管理
方面的规定，如树是不能砍的，砍一罚十，砍了会受到神灵的惩罚，这
是环境意识宣传的成功。同时，传统宗教对道德行为的约束实际是传统
的价值观、社会价值观对人们行为的约束。

乡村环境维护建立长效机制
（摄影：邻艳丽）

当代乡村的管理制度

在改革开放前，我们国家是全能政府。改革开放后，国家采用土地承包制和耕地保护制度实现对土地的基本管理，一户一宅制度、基本公共服务均等化的制度是乡村社会福利基本制度。在整个乡村经济社会环境系统中，缺失了财政税收和大众忠诚两个管理制度的运行机制。村委会目前是极具中国特色的一个制度设计。

当前我们面临的困难是城乡空间争夺尖锐化，即建设用地总量控制与城乡空间增减关系之间存在矛盾，导致我们国家大量村庄快速消失。制度实施之前一些偏远落后的村庄得到被动性的保留，制度实施后，乡村建设用地指标变得值钱，所有的村庄都不能幸免于难，这与我们主动保护的制度是矛盾的。农民和政府间进行着没有硝烟的战争，农民在以不合理的方式通过违法建设维护自身利益，政府在用合法的手段通过征地拆迁侵犯农民的利益，乡村宅基地划分也逐渐偏离了福利的原则。

当前中国大量的乡村住宅建设是没有管理的，2008 年的《城乡规划法》中提出的乡镇规划许可证制度是简易化的制度设计，实施面临困境。缺乏适应的管理机构和管理人员，技术审查标准不足，农民也不愿意申请。同时《建筑法》对乡村居民的住宅并未给予法律保护和约束。2005 年投工投劳制度伴随着农业税的取消而全面取消，乡村建设资金基本都是政府拨付的，具有非常态和运动性特征，新农村、美丽乡村等各种运动的出现使得政府的政绩工程也开始由城市转向乡村。

当前乡村规划设计面临的困境就是理论和实践的脱节，规划的困境和规划事实的主体不明确。在管理过程中，村委会管和不管，政府放和不放，村民法内、法外之间均存在相当多的矛盾。

乡村治理制度的回归

中国的乡村需要自治制度回归。我们强调乡村而不是农村的概念是因为中国界定农村的功能主要是一个农副产品的提供地，国家现代化的组成要素是农业现代化，也都是基于农业的角度。乡村是乡村现代化和农业现代化体现的综合概念，随着乡村社会结构的变化，未来会有四类人会成为乡村的主体：一是原来的种田能手；二是衣锦还乡的年轻人；三是告老还乡的中产阶层；四是原有的农民。他们是在未来的时间里需要慢慢吸收和消化的一部分人。乡村功能也在发生变化，原来的农副产品供给功能变成现在的乡村生态维护、旅游服务、文化传承、绿色健康食品提供等多重功能，这使得中国的乡村发展路径和手段变得更加多元。

社会力量参与乡村治理
（摄影：邹艳丽）

乡村治理的基础应已然存在了，这次的研讨会就是一个有力的证明。实际上有更多的社会力量，已经在介入乡村建设和乡村发展。国家的转移支付在进行，农民的温饱问题在解决，乡村的重要性在于我们把它上升到了国家的地位。

不管我们如何界定，中国的乡村土地制度半私有性是客观存在的。农民是中国最大的小有产权群体。大家在担心未来城市的居民会到农村，农村的居民会到城市，会造成混乱和贫穷，这是不会的。在利益面前，农民的算计和计较一定不比城里人更傻，他们极为聪明。

应该说乡村治理的时机已经出现：一是城乡空间秩序重组；二是社会秩序重构；三是生产秩序重建。城市的不适应以及城市居民对食品安全、乡村农业发展的关注将促进乡村转型和发展。

案例的研究

赤峰市巴林左旗后兴隆地村在中国是一个没有特色反而比较有代表性的农牧业型村庄，这是中国人民大学和东阿阿胶股份有限公司合作完成的乡村治理案例。

2012 年在接受这个任务时我去华润希望小镇调研，住进新房子的老百姓一直哭到我走。花了那么多钱，为什么老百姓还在哭，这是我们需要反思的。企业认为这种大规模的新农村投入建设方式对他们来说是不可持续的，那么我们应如何建立一个可持续的制度，政府该做什么，企业该做什么，设计师、建筑师应该做什么？老百姓应该做什么？

当时在选择这个村庄的时候，发现它有乡村精英，有产业基础，不用大拆大建，民风尚存。在完成这个物质性空间建设规划后，我们对实施过程进行了跟踪、参与和指导，促进传统的乡村建设规划和制度性的设计结合，发现乡村规划的本质是公共政策。同时，依托这个乡村建立了中国人民大学乡村规划研究与教学实践基地。学生住在老百姓家里，一方面可以向农村、农民去学习，另一方面与农民建立一种互动的关系，引起他们对乡村本质的认识和乡村发展的重视，而农民、企业、政府也给我们的学生传递了很多可贵的东西。

这个乡村规划很简单，只有六张图，但适用可操作，且考虑长远，并建立了配套的制度设计。四大原则是农民主体、企业投入、大学加入、政府介入。四大策略是产业跟入、技术导入、文化植入、观念引入。具体分工是界定政府是乡村基本公共服务的提供者，规划师和建筑师在里面起到的角色是长期服务者，企业是农民增收的促进者，农民是乡村建设的主体和利益享有者。

总之，乡村建设一定是社会共同参与的，所有参加乡建的人都值得尊敬，包括我自己。

四

乡村性的挖掘与传承——以河南新县毛铺村为例

林祖锐
中国矿业大学建筑系副教授、新县毛铺村项目负责人

我要与大家分享的是乡村性的挖掘与传承。什么叫"乡村性"？"乡村性"这个名词最早产生于 18 世纪，它的英文是 rurality，意指"之所以成为乡村的条件"，即构成乡村的地域文化景观属性。基于村落社会经济发展和乡土特色传承及再利用两大方面来对村落乡村性系统进行构建，包括村落生态环境系统、历史文化系统、建筑景观系统以及生产生活性设施及空间系统等。这些系统以具体的要素为表征，能唤起人们对乡村生活的认同感及归属感，具有地方性特征和保护再利用价值。

现在的乡村由于受到城市化和工业化发展的碾压，已遭到极大的破坏。通过调研，针对乡村性存在现状和侵蚀因素我们做了一些分析，发现城镇化对乡村性的影响和冲击是最大的。首先，居住在乡村的老百姓渴望现代化的生活，对"乡村性"不珍视，反而认为是落后的特征，这就加速了"乡村性"的破坏。其次，商业化的冲击。旅游的发展，乡村民

宿的兴建，如果发展不当，都会对乡村性带来很多负面影响。我们之前在太行山深山区做一个村子的保护规划，工作期间村子很安静，世外桃源一般。村落的生产生活方式、建筑景观特点非常质朴、极具特色。旅游开发进行了两年，村民纷纷发展农家乐，开始竞争拉客，原来平静的山村变得异常喧闹，由于商业化的影响使得原有的"乡村性"受到了很大的冲击。第三，认识的误区，包括规划设计人员和管理者的误区。原来我们学的规划都是以城市为蓝本的，对乡村的地理人文环境比较陌生，虽然近几年规划设计人员投身乡建已成为新一代潮流，但很多人对乡建的认识仍然存在误区。有不少管理者也以尽快盈利为目的，忽略"乡村性"的重要性。第四，规划设计缺乏前瞻性。例如，发展旅游的村落规划很多时候考虑的不充分，尽管现在村落是一个居住单元，但未来的功能极有可能会多元化。而面对村庄目前用地空间不足以承担复合型的功能的问题，如旅游接待设施和停车场的布置等，很多时候都只是解决了一时的问题。因此，如何提高大家对"乡村性"的认识是一个非常重要的命题。

针对乡村性的保护框架我们提出了四大环节。第一做充裕的田野调查，即普查性的工作。第二，做价值评估。并不是乡村所有的东西都具有持续发展的潜力，所以进行专业性、系统性的评估是非常有必要的。第三制定导则。将有价值性东西再应用到现代化建设中去。第四动员管理部门和公众参与。这样将分别增强他们的管理和认识能力，更好地维护"乡村性"。

而对于生产生活设施和公共空间的具体评估，我们提出了五大评估指标。第一，历史价值。比如说打麦场，它是从明清时候就开始有的，是极具历史价值的。第二，建造技术及艺术价值。很多乡土要素具有地域特色、视觉艺术美，同时细部和装修的工艺水平良好，并利用了乡土材料。第三，再生实用价值。对于村落来说，我们一直鼓励排水体系应该继承原有的雨水明排系统，新设污水收集与处理系统，搞雨污分流。很多村落的排水设施有再生实用价值。第四，生态价值。要考虑是否低碳，能否对环境起到调节作用。第五，是社会文化价值。比如作为聚会场所的戏台、广场、村口等重要的空间节点，这些我们都要很好的维护。根据德尔菲分析法进行评估，并对评估的结果进行分类，提出原真性保护、保护再利用、更新再利用几种模式。

毛铺村的"乡村性"表现在很多方面。首先从历史文化方面讲，全村98%的人姓彭，血缘关系非常浓。毛铺村的先祖从彭城（古徐州）到河南开封到江西南昌到湖北麻城再到河南新县一路迁徙，与异地文化有很多交融，表现在村落布局和建筑营构上。其次，究其历史，得知毛铺村之所以能够成为一个远近闻名的富庶古村落，并且发展态势如此之好，是因为彭家以前是耕读传家，后来又引进了绢织和香木生产，家境殷实。而且村中还有一条汉潢古道，道边有一个驿站，交通便利，促进了商业的发展。当时还流行一句话，"新集一街不如丁李湾一湾，丁李湾一湾不如毛铺一家。"说明了当时毛铺的繁华。第三，它的社会环境良好，有古井、条石、石垒墙等，这些都是具有乡村性的。第四，乡土植物丰富，环境整治中我们一定要把它很好的保护下来。

楼上楼下古民居
（摄影：彭广爱）

对于毛铺村公共空间的改造，我们先是对其乡村性表征要素做了一个列表，进行分析和甄别之后就开始规划设计。原来的稻场、石墙等都保护了下来，然后是环卫设施的整理，再是水环境的整理，包括外面的溪流，以及排水区、池塘、古井。最后是公共空间的整治，我们调研之后依据原有的脉络规划出几个"主题空间",一个是"稻花香语"空间,是原来的稻场,我们强调原汁原味的保留,稍微把污水处理一下即可。另一个是一个"柳絮亲水"空间,以原有的小池塘为基础,整理周边杂物,清除垃圾,赋予普通环境以诗意。我们对村干部和村民反复地讲,池塘边的路不要拓宽了,小、曲、幽是村庄的特色。比如一些菜地,我们也把它很好的保留。而像祠堂前的空间,是祭祖的仪式性空间,将它作为重要的空间结点进行了保护。

彭氏宗祠
(摄影:林祖锐)

对于新建民居不协调风貌的整治,采取简单有效的方法,在白瓷砖或白灰墙后面种上一列翠竹,形成"以粉墙为纸,以竹为绘"的画面效果。同时把红砖都改造成了青砖,形成整体色调协同的效果。对于目前道路的几种类型,我们调研的比较细致,是土路、石板路还是水泥路,都分段做了统计,之后就是每一种道路应该怎么整治。根据统计结果,我们主张以当地的石板进行街面铺设，而后山干农活的路则铺以石条。这样的修护与整治让它的"乡村性"得到了很好的保留。

对于生产生活性设施规划，我们当时做了十个重要的空间节点。稻场和水井空间都做了景观的维护和整理。毛铺村前溪流旁有一处古井，旁边有一个废弃的拖拉机，现在我们把它整理好，加上基座，刷上漆以后变成一个景观。同时，还在这里做了一个石台阶，可以上到公路上来，让历史有了一种还原。另外，稻场是进行未来旅游发展是一个很好的线路节点，因为老百姓旅游不仅是看民居，我们把这里的排水、地面都重新进行了修整，还做了一个石板桥，原有的草垛、香椿树都很好的保留，石碾也留了下来。

接下来是建筑景观系统，首先是对古驿站的改造。古驿站曾是游客住宿和看戏的地方，现在改成了文化场所。我们做了几个门楼（豫南地区入口处的开间屋面高起，上做阁楼，也可起瞭望作用。内部的中轴线两进或三进院落及左右分院都从门楼进入，当地便以"门楼"指代大院），将其中两个门楼联在一起做了一个民宿大院，前面是餐饮区，后面是就寝区。对门楼的改造首先要对它的建筑构件进行（梁柱墙等）摸排，哪些需要替换，哪些要进行加固，然后再做适当的修理。比如餐厅为了保证大空间就将墙拆了，而就寝的地方的墙则保持不变。同时，做餐饮的店可以把一些餐饮设施移置到内院，比如咖啡厅，在院里喝咖啡会让人感到轻松惬意。而对于就寝区，我们将它分为家庭式套房、普通标间或经济房等不同标准，客人可以根据需要自行选择。门楼中间原来是一个很长的过道，现改为展陈空间和游客休憩空间，改造完成后，对新旧空间进行对比，发现格局基本上没变，只是适当添加了一些要素。

值得一提的是上王埼牛棚是当时村民决定要拆掉的，在我再三坚持下留了下来。首先，原本里面有一个屋架，但会使屋子显得非常小和紧凑，于是就直接将它拆掉了，这样里面的视野就很开阔。其次，在景观优越的西墙、南墙凿窗，改善采光通风的同时引景入室。第三，在紧邻牛棚的旱地营造柴扉小院，形成乡土特色浓郁的花园景观。第四，原来的土墙得到很好的保留，只不过在外面做了一些修缮，使其可以很好的防雨。改造完之后我们将它作为一个茶室空间，因为豫南地区好天气非常多，还可以在室外喝茶。

上王塆古民居
（摄影：林祖锐）

　　总之，"乡村性"不是落后的代名词，而恰恰是乡村未来发展的潜在资源，我们一定要好好地呵护它，包括建筑遗产、生产设施、人民真挚友善的品质等。其次，乡村性是动态发展的，希望村民、规划设计人员，甚至志愿者都能够呵护乡村性，在妥善维护、传承乡村性的前提下，对产业进行升级改造，让乡村性为未来乡村发展增光添彩。

第四章

乡村·设计

一

农村民居低端改造探索——
一幢哈尼族蘑菇房的内部改造实验

朱良文
昆明理工大学教授、云南省元阳县阿者科村项目负责人

2015 年下半年，我们做了一个农村民居改造实验——一幢哈尼族蘑菇房的内部改造。我的出发点不是想谈改造成的民宿、酒吧，而是想借此探索农村老百姓的民居如何改造提升。乡村复兴，从物质形态来说主要是村寨环境和传统民居的复兴，其中传统民居的复兴是最难的。因为环境是公共的，有公共投资，不牵涉到私人财产；而民居涉及各家不同的民居状况、改造诉求、经济条件，经济是前提。

我把我们的改造定位为"低端"，既不是自我贬低，也不是降低要求。什么是"低端"改造？就是在低成本的前提下，采用乡土技术，运用地方材料进行改造。这样当地老百姓就能够自己做，或跟着我们做。

说到"低端"改造，埃及的伟大建筑师哈桑·法赛的一些理念特别值得我们借鉴。著名的 *Architecture for the Poor*（《贫民建筑》）就是其作品，他一生致力于为发展中国家的贫民建造住宅，努力以最低的耗费

创造最原生态的环境，遵循建筑应与其所在地的自然环境及文化传统相适应的创作原则。尽管面对的是低端的、非常简陋的建筑，他也要花力气做好，"使其具有艺术的魅力"。由于他的人文主义思想和对穷人住宅的贡献，1983 年哈桑 · 法赛被国际建筑师协会（UIA）授予金质奖章。

为什么提倡低端改造？一方面是为了减少传统民居的拆除新建；另一方面是为了让村民改得起、容易做到。众所周知，在我国当前广大农村，尤其在西部山区，大多都是简陋贫穷的民居。就拿云南来说，全国的传统村落，这里占了 20%，正是因为贫穷、发展慢还未及破坏；但同时也导致保护发展的任务艰巨、难度更大，东部地区的很多经验在这里很难适用。为了实现传统村落的保护发展，这些地方需要更多的资金投入，需要更多的智力支援，需要更多的实践探索，需要更多关注者的真诚奉献。

我们的改造实验项目在元阳。元阳的哈尼梯田在 2013 年被批准为世界遗产，遗产区的范围很大，有 82 个村寨。在该遗产的森林、水系、村寨、梯田四个要素中，村寨是保护的难点，尤其是民居蘑菇房的保护，有些申报的重点村寨也已经岌岌可危了。我们项目所在的阿者科村，可以说是现在保留比较好的，全村 62 户，经济不发达，至今尚无公路进村。

阿者科全貌
（摄影：程海帆）

111

年久失修、破损严重的蘑菇房外貌
（摄影：朱良文）

　　我们从 2013 年初介入到元阳梯田项目，一段时间后我们发现，申报遗产时一些村寨已经做过保护规划，并做了大量的保护工作，可是人一走，村寨照样被破坏。于是在 2015 年 4 月，我们完成了元阳阿者科村传统村落保护发展规划后，开始思考我们的规划能否实施，能否起到真正的作用。为了保护好这个较原始、较完整的传统村寨，避免我们走后会和以往的规划一样重蹈覆辙，我们第一次在规划文本中写上了"规划设计单位作为规划实施协作单位参与规划实施全过程"，这样意味着我们要把后面的时间赔进去。为此当地政府给我们提供了一栋房子作为工作室——一栋蘑菇房，免费使用三年，但要我们自行改造，于是就有了这个实验项目。

　　传统哈尼族蘑菇房是三层，底层是牛栏，二层住人，三层储存粮食。目前普遍存在结构安全性隐患、茅草屋顶防火性差、屋顶漏雨、居住质量差、采光通风差、底层空间难利用等问题。我们改造前与当地领导共同确定了目标：希望在解决以上问题的同时，保持外部传统风貌，采用的改造方法要有可示范性和经济上的可行性。之所以这样要求，是为了

112

让老百姓可接受，改得起。

一层平面   二层平面   三层平面

改造方案
（来源：作者）

　　在实践前，我们做了具体的改造方案：除了做梁柱加固、屋顶防漏、
室外排水、墙面加窗、增设卫生间等外，功能上将二层改为哈尼文化展示、
接待、办公培训空间与接待客房，三层改为通铺（青年旅舍），底层改为
酒吧与工作人员住房。其中最主要的问题是底层 1.72 米的净高如何改造
利用。我们研究后决定采取局部下挖 0.4 米的方式，但考虑到结构安全，
墙边、柱边不能挖，我们尽量利用其做床、桌椅（床、椅高皆 0.4 米左右）。
建筑师不是喜欢玩空间吗？局部下挖正好可以使空间多变而有趣。

底层牛栏原貌
（摄影：程海帆）

底层改造成酒吧后全貌
（摄影：李夏）

具体操作上我们先行垫资，由当地施工队施工，请专业的装修公司协助。关于建筑外观问题，除了增开几个窗以外，其他一点不动，完全保持原貌，也不进行墙面粉刷，以防全村"焕然一新"。在装修上我们坚持两点：一、禁止豪华装修，力求简朴；二、追求本土特色，体现乡土性。为此，屏风用土布，罩壁用麻绳，灯罩用竹编等，最后效果也不错。为了防止太阳能热水器对村寨轮廓风貌的破坏，我们尝试使用空气能热水器。

正立面
（摄影：李夏）

经过四个月的施工改造，一幢哈尼族蘑菇房的内部完全变了样，2015年11月已投入使用并对外接待。经过结算，总投入239,419元，造价为974.91元/平方米。该造价中包含了客栈、酒吧的设备与用品100,000元，实际土建投资约14万元，这对民居加固改造来说是可以接受的。这幢房子改造完后值得欣慰的是：领导欣赏，老百姓认可，游客反映也较好。

以前我们想帮老百姓改造推不动，现在已有第二家、第三家请我们帮他做改造设计。第二家是自己住兼做客栈，现在已经在施工了；第三家是二层、三层自家住，底层改餐馆。今后村中哪家要改造，我们就免费帮他设计，当然建设费用要老百姓自己出，政府有一定补助。

背面全貌

（摄影：李夏）

　　该项目完成后我们收获了很多。首先，是取得了当地领导的信任。过去"美丽家园"的做法比较注重建筑外观，内部基本不动，而我们恰恰相反，外貌基本不动，内部进行改造，现在得到了领导的认同，我们的话语权就更大了。第二，提高了老百姓对自己民居价值的认识。原来他们总想拆掉重建，现在知道也能改好。第三，改变了我们的感情与工作方法。我们的老师、研究生，包括我自己，现在对农村的认识有了很大的改变，我们在初步探索着村寨规划设计与实施的一体化。

　　现在这一改造实验的探索告一段落，但对阿者科村的保护发展工作来说才刚刚开始，艰巨的工作还在后面，需要我们不断地探索。

二

土木山林风水：建筑与叙事的村落空间

王维仁
香港大学教授、建筑系主任

"双村记"是两个村庄的改造故事，一个是香港新界菜园村，一个是浙江松阳平田村。这两个村子的建设都与山、风、水、土、木有关。土木是传统建筑最主要的两个元素，土就是夯土墙，木就是木梁柱檩条，它们的环境是风水山林。在村庄建设的过程中，最主要的是理解风水山林的态势，以及开启村民参与建设的这个过程。

村落中的公共空间，除了凝聚村中的许多集体记忆与故事，也会将很多具有教化下一代的故事具体空间化，我们可以说是叙事教化的空间。一个有意义的空间，不只是村民早上下午聚会闲聊的空间，同时也是一个村民叙述故事空间。譬如在浙江楠溪江的一个村落，如果村口有个亭子叫做"望兄亭"，我们就猜可能当时村子里有两兄弟，爸爸妈妈都去世了两兄弟相依为命，有一次哥哥出去打工却一直没有回来，弟弟每天在村口等哥哥，几年来直到去世，也没有等到哥哥回来，所以这里就立了亭子叫"望兄亭"。在安徽棠樾村，村口立着 7 座牌坊。村里人不管是中进士，还是捐了很多钱，或者是寡妇侍奉公婆不再嫁人，都一个一个地建了牌坊，这就明确地阐述了一个叙事教化的空间，记录了村落的集体故事与价值观。

我想讲的是我们当代的村落建筑，可以如何跟自然元素、与村子的人和事产生良好的互动关系，形成一种新的生态和人本的叙事空间。

香港新界菜园村

最近五年，我们在香港参与了一个村子的重建，叫菜园村。村民都是战后移民香港数十年的农民。2009 年，因为广深港高铁的修建，菜园村面临"拆村上楼"的命运。村中有上百户人家，其中大半户村民搬到了政府提供的公屋，还有 50 户村民不愿意离开家园希望继续务农。他们到中环皇后像广场抗议，在学者民间团体的支持下，将这次反高铁的迁村抗争变成为当时一个重要的社会运动。由于高铁修建势在必行，村民后来知道动迁是必需的，就用积蓄和赔偿款买了一块耕地，重新建村希望继续耕种。他们邀请我去帮忙规划和设计，和一群不同专长的社会运动人士一起进行了长达六年的村庄建设计划。

菜园村村民讨论规划建村
（来源：王维仁建筑设计研究室）

规划是多重进行的。2011年村民从旧村迁出，我们同时也协助设置政府提供的临时屋的选址与配置，新村建好后再把临时组合屋移走成为绿地。在这个过程中，利用临时屋的道路管线，同时也解决了部分未来基础设施。在未来菜园村的规划里，我和村民一起决定了几条重要的原则，就是尽量保留原有的树木鱼塘，设置公田和车不入村。车子停在村口的广场不能进去村里，村里维持一米半的步道，保证村子的自然原貌。我们也得到村民的同意，把原来的龙眼树林和水塘保留下来。我们不希望村里所有的土地都是宅基地，所以将三分之一的土地归为公田绿地，未来也可以建公共的厨房餐厅，村民们可以延续像以前的配菜站等公共空间，再沿着公田旁边继续租其他的地，来做将来耕作的田地。

在这个过程中，外来的专家多是出于公益帮助村民，因此得到了村民的信任，并由此产生一种微妙的公共意识与道德约束，村民也就自然地愿意接受我们建设生态村的建议。在新村的规划上，我们结合村后大榄山上流向村子的山水，将其引入村里成为一条干净的灌溉水源，然后和雨水排水系统相结合。规划也希望引入废水循环过滤。让每一家流出来的废水经过两百米的村道，用砾石过滤后引入村子前面的鱼塘，废水处理干净后可以用来灌溉，实现水的循环。每一家我们都希望实现蓄水、雨水收集、屋顶种草、自然通风采光等生态建筑原则。

比较大的挑战是，如何在短时间内以一套施工图设计出50座房子，又让它们像民居一样，类似但又户户不同，反映户主的需求。我们想到的方法是"原型加调整"。原型就除了传统的三开间，也有天井和方正形式。然后每家在原型的基础上做出调整。比如说我们把楼梯、厕所的位置固定下来，但是隔间可以不同，也可以在电脑里左右对换，就有了两种方式。最后定下来三种房屋原型，ABC各有特色，分别是三开间式、长方形加天井式、方正式。

村子需要50套房子，但是我不可能做出50套施工图。于是，我根据村民不同的需求来设计不同的平面，也设计了一个"居民住宅完全手册"。在手册中，附有房子的效果图，居民的兴致都非常高，感觉像是要买豪宅，当然我们也做了很多模型。一段时间以后，村民都开始反复研究，看自己家里的平面图，我们也可以开始预测在施工图的范畴里如何执行这件事情。

下一个问题是如何配置建筑。首先是区位分配，比如说村子里总有几户人家关系不好，位置就要分开来，村口和村尾的地价也不同。村子分为中区、南区、北区，有的人家想开杂货店，会选择离村口近、停车方便的位置，这样每家根据自身的需求选择宅基地的区位。然后才是宅基地的配置。我们也想出了一种建筑配置的参与方式，用蓝、白、粉三种模型代表房子的三种形态，将我们建议的配置模型带来村里，让村民一起参与调整，决定房子最后位置怎么摆。接着连续几周的周末，我们会到村里的工作室，安排好每个小区每一个宅基地的配置时间。就像看病问诊一样，一家接一家的按照约定的时间过来，每家 20 分钟，和我们用模型讨论配置的位置。大部分的人一早就来了，讨论完自己的方案后，还会要留下来待上大半天，看看邻居是怎么摆放房子的。村民也会相互建议协调，指出"这个的房子应该这么放，不然会挡住邻居的南风"等问题。用这样的"问诊参与式"调整了几次之后，我们根据村民的意见再调整，最后敲定了方案。

在这个过程中，我们当然希望能够设置更多的公共空间，但也有村民觉得资金不足并不是优先选项。我们也想了各种办法：在村口设立一个公共收邮件的地方；村子侧边多设了一条田埂小路，村民可以走到马路上的巴士站，这样多了一个村入口，我们也在两条进村道路的交叉口做了一个亭子；原来村子有一个土地公庙，土地公庙旁边有一片龙眼树林，我们在那里设计了一些板凳；大家都同意保留村路边的一棵百年大树。我们想即使一开始没有经费做大的公共设施，这样的策略就可以把这几个节点逐渐变成有意义的公共空间。政府规定每一家都要做电表箱，我们想如果几家一起做的话可以便宜一半的价钱，而几个电表排在一起的墙面背后也可以做成板凳，又变成一个小的公共空间。

与村民讨论宅基地配置
（来源：王维仁建筑设计研究室）

规划与建筑设计大约延续了一年半，完成了招标的施工图。在漫长的协调招标与施工过程中，现实人事与经济的因素也让居民们慢慢失掉了斗志，我做了一些事情希望保持村民当初的意志力与团结。在2011年的香港建筑双年展上，我们和村民在九龙公园用轻钢结构做了一个生态亭，里面有太阳能板和环保瓶再利用，还示范了一些雨水和材料的收集再利用。村民们参加建筑展览都非常骄傲，积极地加入了生态亭的建设。在展览结束后，我们也把生态亭搬回了村里，希望启动第一个公共空间，激发大家有经营未来环境的想法。

因为施工队的复杂性，和附近房主的道路权协商以及水电设施的证照申请，在长达三四年的施工期间是无止境的等待和协商，而村民是住在临时的铁皮组合屋里的。这期间我们也做了一些事情：临时屋原本是一排排的，我们在中间交错地拿掉几栋，形成了两个院落的公共空间，一个是种菜的院子；另一个，居民用种香菇的黑网在上面加了遮阳棚，成了一个大家聚会的小广场。接着大家陆续在这里举办研讨、上课，讨论有机耕作和生态规划。这三四年的时间除了村民聚会，这里竟然也变成了香港生态旅游的一个景点，很多生态农业的专家都是这里的常客。

今年春天，菜园村的大致建筑都已经完成了，大家开始陆续的住进新居，慢慢地整修他们的平台和小花园。这些简单的小屋当然不是完美的建筑艺术作品，而是一种生活环境的基因。有的房子跟原来的设计是差不多的，有的这个房子跟外面的过渡空间，是设计引导他们发展的。比如在设计时，我在房子和户外的耕寮储存室之间留了三米多的空间，其实是希望村民能逐渐将棚子搭起来成为过渡空间。我做的工作是将第一个框架搭建起来，菜园村的环境发展还需要时间，我相信村民的能力，可以慢慢将好环境经营起来。

浙江松阳平田村

平田村和松阳的其他山村一样依山而建，溪水竹林云气，民居以四合院和简单的三开间为主，村中风貌保持得非常完整。在四合院里，雨水和阳光落在卵石和石板铺成的地面和水沟，从天井望出去是郁葱的竹林，风一吹带动了竹叶，有一种山村特有的灵气。

小江在县里工作，跟亲戚买了10多栋空置的房子计划发展民宿，希望给逐渐荒废的村子带回人气。我们首先改造的餐厅是江家的祖宅，一个典型的松阳四合院，也是村入口的第一个房子。改造过程包括传统四合院的更新以及新加的厢房，也将周边猪舍和牛棚改建成茶室和小广场等公共空间。中国传统建筑主要是土木结构，土就是周边一圈厚实的夯土围护墙，木就是里面的木结构，也是我们传统建筑的梁柱间架和檩条。老房子几乎倒塌朽烂的木头必须完全换成新的，师傅们先一把火将木架构烧掉，朽坏的木头烧掉了，剩下一圈的夯土墙和冒烟的夯土地面。之后石匠进来，将剩下来的瓦片石块分类摆好，开始将旁边的挡土石墙加固好。同时在隔壁的祠堂里，邻村的四个木匠已经开始备料，准备好梁柱和檩条等主要构件。他们纯熟地在每一个梁底和檩条上写上编号，依序排列，完全是预制组合式的设计施工。这些传统工匠的手艺还在，但平时村里没有木工活，只好在温州杭州做 KTV 之类的活。一听说村里有项目，这几位木匠师傅就都回来了。将来我们在松阳如果还有其他项目，希望仍然能请他们过来，将传统手艺传承下去。

我们将一层四合院的隔间拿掉，变成连续的公共平面，和一个调控光线的天井。我们希望改造后外面看起来还是传统的，但是里面的空间可以有一种当代性与新功能，给传统的结构空间一种新的体验。和其他传统的房子一样，江家的祖宅二楼高度不到两米，原本是用来储存的。我们把二楼提高了半米，方便居住也能更舒适。一楼的天井在传统的村落建筑里都是开敞的，我们考虑到冬天冷，所以用可开启的透光的木百叶门围合起来，到了夏天再打开。右边的厢房留了一个天井，作了小鱼池和叠石，有点园林的趣味；左边的厕所做成了半地下的覆土空间，上面是铺小青瓦的小广场和过道留的一条天窗。由于地形的高差，二楼的厨房和后面的村道也连成了平台，于是我们和周边环境围成了两个小广场。

平田村木匠师傅
（来源：王维仁建筑设计研究室）

在房子改造过程中，我们不是在单纯地保护古迹，同时也在结合历史进行新的创造。从四合院现在的照片看来，我们的改造确实给村子带来了一种新的感觉。这是传统的房子，我们可以轻微把它的窗户打开，让其面对山景。在这里你可以看到层次分明的山景，也成为了村子的一个被观景的景窗，正对村子的入口步道，从角窗望出去可以看见一棵百年的大杉树。在房子里打开的这个角窗的同时，我们利用厚墙形成的凹凸与材质的变化，形成内外之间的过渡，引发身体与建筑和自然的互动。房子建成以后，角窗的楼上部分成为了一个可以观景的小茶室，角窗的楼下部分变成了一个小的图书室。在原来老房子的基础上，我们新加的一部分厢房，尝试用轻钢架做结构支撑，但上边的檩条依然保留原来的木头，中间形成一个小院天井。小院里有一个小鱼池，配合挡土墙的叠石，加上白粉墙和木质隔扇窗，表现出一种江南园林的趣味。将来也希望发展出水循环，让厨房出来的废水会进入鱼池中可以进行滤化。

我们想做的就是让房子跟周边的环境产生关系，带动村落环境的改善。经过改造，这栋四合院可以变成一种触媒空间，跟前后左右的房子产生新的关系。为此我们也替未来做了铺垫，下一步可以着手改造周边其他的小房子。平田村有很多高差，所以进门一楼的地方到后面变成了二楼，加了一个平台就变成了小广场，就跟后面的房子连起来了。我们在左边的角加了一个茶亭，这里原来是一个牛棚，现在和前后地面形成了第一个小广场，接着可以和下一栋改造的建筑结合，变成第二个小广场和村道路的视觉焦点，成为这个区域公共空间的核心。

原来这个村庄没有什么广场，只有几条窄窄的路，空地基本就是猪圈牛棚和菜地。我们把这里整理利用起来，形成一系列围合而开放的聚落空间。在这里我们可以看到后面的山和前面的谷地。通过打通经脉改变格局，我们的视觉、身体跟整个山村都有了联系。从茶亭望去，远远都能看见一个老太太坐在自己家平台上。只要天气好她就坐在那里看山，茶亭建造的时候，她也常常转过头来看我们，现在亭子盖好了，我端一杯咖啡坐在这里打开电脑，她也转过头来看着我。我觉得这样微妙的互动关系，除了半年来直接参与施工的几个村民，也是其他村民间接或直接地参与我们的建筑活动。

在两个村庄的改造过程中，我希望营造出现代的叙事空间，也就是说这个空间的建造有村民的参与。村民参与这个改造从而促进新的空间和产业的出现，我觉得是非常重要的。

平田村茶亭
（来源：王维仁建筑设计研究室）

一种乡村与城市策略

其实，我想的不只是村子的问题。对于中国的城市，这三十年内大规模的移山填海，过去的环境被毫不犹豫地铲掉了。很多乡村还可以看见的公共空间，在城市已经找不到了。

我在香港一个公园里用四个集装箱做了一个展览亭，形成一个开放的公共空间。在观塘的工业区，每天下午蓝领、白领还有社区的大叔都喜欢到这里来休息或者吃便当。在城市，打造这种参与性高的小尺度空间是很有必要的。如今城市在膨胀，它的尺度完全不是人的适宜尺度。在乡村，我们还有小路可以走，有树木可以看。我们可以将乡村有意义的空间带到城市，做成点、做成线，最后成为网络，慢慢修补我们已经被破坏的城市。

　　乡村策略不只是做民宿，同时还要做公共设施。我在台湾做过一个旅客中心白沙湾，它的后边有一个村子，夏天这里有很多旅客，冬天空下来就成了村民的公共空间。这些年我们把村小学废掉了，其实村小学不只是一个教育空间，也是一个公共空间。过去时代里，祠堂就是村小学，我们把这样的东西留下来，才可以带来乡村的复兴。

三

乡村，建筑师的新舞台

何崴

中央美术学院建筑学院副教授
河南省信阳市新县西河村粮油博物馆设计师

很多人问我中国为什么会有那么多建筑师去乡建？我想了想可能有以下几个原因。一是国家政策，这两年国家政策对乡建一直有很强的导向作用，包括资金导向，这使得各地政府对乡建都非常重视。第二，民间资本在找出口。现在城市经济处于一定的放缓状态，这些资本需要找新的出口获得盈利点，而乡村正好符合了这个要求，所以大量的民间资本就开始向乡村涌动。第三，城市人的焦虑。市民对于食品的安全，对于环境的忧虑导致他们开始重新思考回归乡村的可能性，所以大量的城市人希望去乡村居住、旅游、体验。第四，随着城市房地产的停滞，大量的建筑师去寻找市场，就到了乡村。第五，早期从事乡村建设的建筑师可能是真的喜欢乡村，喜欢做这件事，所以是源自他自己的喜好。这些都推动了乡建的潮流，而建筑师只是顺势发展而已。

我把乡建的模式总结为以下六种。第一种模式，转移型实践。建筑师把城市的模式放到乡村来，其实是以产值为目的，很多大院基于形势所迫必须要这样做。第二种模式，研究型实践。它的主体是一些大学老师，以研究和田野调查为主，是针对某个特定问题的长期思考。第三种模式，艺术家的实践或者是艺术的创造，比如说山西许村和碧山计划。第四种模式，是软硬兼施型的实践，除了对环境和建筑的改造以外，注重乡村的软性建设，郝堂村就是如此，包括培训、内置金融等。第五种模式，资助型实践。这是带着外部赞助的资金来的，像一些境外的建筑师在国内乡村的实践。这类实践，设计师有相当大的主动权。第六种模式，情怀型的实践。大多是很小的工作室在做，这种虽然是带着思考和情怀的，但规模不大，也不完全是一种商业模式。

有趣的是，在乡建过程中建筑师的角色正在发生非常大的转变。以前建筑师可能只是做建筑专业的事情，现在他不但要做建筑，可能还要做很多原来不归他管的事，比如帮村庄做产业的规划，充当义务的宣传员等。建筑师角色的转变，随之带来的是乡村建筑设计模式和思维模式的改变。我们不能用传统的思维模式对待乡村，它与在城市里做建筑不一样，于是我用了"弱建筑设计"（Vague Architectural Design）一词，"弱"其实是一个多元性的，或者是超出建筑范围的，模糊的概念。

在乡村做建筑，建筑师往往不是以建筑为出发点的，而要考虑超出建筑范围的文化理念。比如说西河项目，设计师一开始想的并不是把这个房子改造成什么样子，而考虑的是村庄产业的重构，所以我们在西河村策划了小型博物馆，收购修复了当地仅存的、可使用的榨油机，将其放在博物馆中展示，并策划了有机茶油的旅游农业产品。

去年我们在松阳设计了一个青年旅舍。我们优先考虑的是如何吸引客流的问题。于是，我们产生了一个在建筑中做"房中房"的想法，即做一个轻质的可以移动的房子，它就相当于屋里的一个居住单元，游客不仅可以在里面居住，也可以与之进行游戏；房中房的立面使用了阳光板，并在上面开了一些洞。房中房的材料、风格和老建筑的夯土墙形成强烈的对比，而且房中房也可以和使用者互动。这样的处理，会为业主提供宣传的素材。2015 年十一开业时，生意火爆，而且我们发现爷爷家青旅竟变成了一个亲子旅舍，很多人带着小孩来这里玩。业主很高兴！

孩子在爷爷家青旅的二楼玩耍
（摄影：叶丽琴）

作为乡村建筑师，不是以建筑设计开始，很多时候也不是以建筑设计作为结束。乡村建筑设计的范畴其实是很模糊的，像我们这个项目做完室内，再做展陈，然后做品牌的 LOGO、包装……乡村没有那么明确的设计的边界。在乡村做建筑，建筑师应该有不同于城市里的态度和身份。在乡村，建筑师不应该是导师，他要做到向传统学习，向地域学习，向工匠学习。

年轻人在"房中房"休息
（摄影：江斌龙）

传统的工艺里面有特别多的有趣的、有价值的东西被我们遗漏了，西河粮油博物馆项目给了我很多的启发。比如，它外面的场地是用原来房子拆下来的瓦做的，设计师将它们一分为二，铺在地上，这个过程也是和当地工匠协商做的。工匠后来还教了我们一个当地传统工艺，叫"灌沙法"。工匠把瓦竖立在地上，然后向瓦之间的缝隙里面灌沙子，等下雨的时候，沙子会沉下去，然后再灌，再沉。周而复始2、3次，瓦就很坚固地固定好了。这种方法虽然在当地司空见惯，但对于我们这些城市里的人来说，还是很新奇的，给我很大的震撼。

另一个例子是西河餐厅的西侧山墙。我们借鉴了当地的砖花方式，但对其进行了改良，设计了一个六角形的镂空砌花墙。在设计的时候，我们也担心它无法完成，但当地工匠张思齐把它完成了。张师傅完全是靠手艺、手对力量的掌握完成的。作为设计师，我很敬佩他，因此也在今年设法把他请到了威尼斯双年展上，并在威尼斯砌了这堵墙。这件事给了我们特别大的启迪，建筑师不能以一种高高在上的导师的态度和当地人打交道，彼此应该平视。

另外，这堵墙的造型也非常生动，它并没有完全依循设计师的图纸，而是经过了工匠的改良，其结果是一种惊喜，是一个受过标准建筑训练的人建不出来的。因此，我认为在农村建房子，50%看图纸，30%建筑师到现场调，20%可以让农民自由发挥。20%有可能是痛苦的，也有可能给我们带来非常大的惊喜。张思齐做的这道墙就给我带来了非常大的惊喜。

西河餐厅西面山墙
（摄影：何崴）

建筑师既然要尊重当地人，就应该以一个平等的态度对待老百姓，尊重农民的选择。西河的村民活动中心在改造完成之后，农民在使用的过程中将内部空间进行了较大的改变，在一开始设计师是不理解的，但仔细想想就释然了。毕竟让房子活着，比让房子活在照片里面重要。

我一直坚信乡建不是建一座房子，而是重建社区和重建信心、信任。中央电视台的人曾问我："乡建中你遇到哪些感人的事情？"我觉得这里面有太多感人的故事，比如张思恩，他是一个返乡的青年；又如那位我不知道名字的 76 岁高龄的老伯，他原来是退伍军人；还有张因诚，我们一直叫他宝宝，他虽是一个智障人，但是他也参与到项目劳动中来，现在还会使用手机了。通过乡建这么一个公共的事情，村庄可以重新将人和人的关系建立起来，我觉得这个过程中建筑师应该去有意推动，而不是建一个房子就走了。

村民和西河良油
（摄影：何崴）

最后，我问自己，也问过很多建筑师：在乡村做建筑是为谁而做？为游客？为农民？还是为自己？有的建筑师说能不能兼而有之？如果能兼而有之，那么你就是建筑行业里高手中的高手，如果做不到兼而有之，我觉得还是为农民做吧。

四

创新模式下的乡村资产开发运营

朱胜萱
乡伴东方创始人、"伴城伴乡"城乡互动发展促进中心发起人

由于各种各样的机缘，如今越来越多的人加入到乡建的队伍。首先，这么些年乡村旅游的大风吹起来了。其次，乡村旅游加互联网将许多不可能性变成了可能性。第三，很多资本持有者认为乡村改革是一个红利。总之，我相信是各种机缘让大家致力于乡建。当现在我做村落时，我写了 N 种模式，其中没有哪一个模式是相似的，虽然我也不知道能否找到一种可复制的模式，但我发现乡建有一个共通的地方就是实现村庄的新型产业化和人的重新乡村化。其中，新型产业化就是乡村必须带来新一轮产业升级，而重新乡村化就是社会格局和社会秩序的重新定义。

莫干山和田园东方

我从 2010 年开始扎根莫干山，在那里做了三家民宿，一个叫原舍·望山，一个叫原舍·倚田以及原舍·怀谷（还在建设中）。当初大家问我为

什么要做这个事情？其实我只是简单地想回到自己喜欢的乡村，做一些懵懵懂懂的事情。过程中，我对莫干山的未来做了很多规划实践，但却没有找乡建的新出路，因为我觉得莫干山的方式不可复制，或者说很难复制。

原舍·望山
（来源：乡伴东方团队）

于是，这三年里面我停下来在集团里做了一个田园综合体，叫田园东方，在江苏无锡的阳山镇。项目所在的村子原来比较破败，但因为有了上市公司的投资，现在的面貌今非昔比，但它跟国内普通乡村不一样，从农地、农村和生活场景来看，有点像外国的风格。国外的乡村讲究的不是城市的面貌，而是居住的感受。我们在村中配置了咖啡厅、医院、民宿、学校，还有一些教育设施。

莫干山项目和田园东方一个是小资本介入，一个是大资本的介入，但是两者我觉得都不好复制。田园东方不好复制是因为 2015 年宏观调控下的地产业进入寒冬，我们无法继续用地产开发的回馈来弥补旅游文旅。这条路走不通了。

田园综合体健康养生建筑群意向
（来源：乡伴东方团队）

昆山计家墩

后来我们在一系列乡村进行了探索。昆山锦溪计家墩村就是其中之一。它距离上海 60 公里，村里共有 142 户人家。因为当地政府比较富裕，所以拆迁后基本上是一套房能够置换 3 套房。我进入这里的时候，政府已经跟全村 142 户人家都签订了协议，部分已经搬离。这是我们城镇化必然之路，就是有条件置换的时候，农民不愿意住在村里面，他们愿意到城市里面享受更加优质的医疗、教育等公共服务。计家墩村大多是 70、80 年代以后的建筑，马路对面就是地产开发的高档别墅区，但它是一个完整的村落。我们资产盘活的模式就是土地的更高效率集约，所以等村民搬出去后，就变成房屋拆除，土地出让，最后建设我们现在新的城镇，或者是城市。

这个村庄拆迁花了 1.8 亿，但拆后却找不到好的模式。如果土地要进行二次开发则需要更高的投入以及更高的回报，如果收入和成本达不到商业的平衡就无法留下这个地方。我在这里尝试着开始做第二次"田园东方"的升级版，也就是新的"乡伴东方"。原来无锡田园东方做的业态就是民宿、商业、餐饮、体验和有机农业，但是在计家墩光靠这些运营类的业态收入是无法平衡之前的巨大的投资成本的。

这个村只有 20 年租赁权，按规划的合理商业配置和服务设施重建改建需投资 2 个亿，那么怎么做才可以获得回报呢？这是一个极为复杂的挑战，最终我们选用了一种共建共享的汇聚模式。由我们做基础配套、服务业态以及部分引领性的核心业态，其他盈利业态则用共建模式。2015年投资动工后，目前已有七个业态进入，它们分散投资进入和汇集就降低了我们的资金压力，"分享和共建"就构成这个事情的可能性。

计家墩村村景
（来源：乡伴东方团队）

　　值得一提的是，我们 2015 年 9 月接手的时候，村民协议都已经签了，但是我们做了一个造梦林的现场指挥部后，很多村民就拖延不再走了。这对我们来说是一个非常痛苦的工作过程，因为村民关系和工程建设交织在一起。当时有一些村民问我他们能不能不走。为什么会这么问？因为他们看到了利益，只有共同的利益才能将他们聚集在一起。那时已经有 70 多户房子交了安置房，当剩下村民不愿意迁出的时候，我们又要利用什么样的方式跟农民共赢共生呢？还有重要的一点是当村中有那么多业态要开发和运营的时候，我们遇到了和莫干山一样的问题，业态的内容做完之后承载服务的人从哪里来？于是，我们就在离这个村 15 分钟车程外的另外一个村——祝家甸村，建了一个乡创学院。那里原来是一个废弃的砖窑厂，原本当地政府准备建设成一个砖窑博物馆，但是我们介入了以后，就做了这样一个业态。我们成立了一个创业孵化平台学院，主要做乡村创新业态的教育培训，以及展览和论坛等公共活动业态，这是实体的创客学院，来到这里后可以进行培训和选拔，最终直接进入到村里创业的岗位。

祝家甸村乡创学院
（来源：乡伴东方团队）

松阳椰树村

这几年松阳很火，十篇乡建报道里面就有一篇提到松阳。我也有幸进入到了松阳片区的乡村建设里面去，它是我们签约建设的乡村之一——椰树村。椰树村自然环境非常美，有苍天的古树、漂亮的溪涧和古道走廊。原来村中兴旺时大概有 200 到 300 户人家，移民下山的脱贫政策实施后，仅剩十几户孤寡老人。在这里我们做了新的产业复兴规划——"上山脱贫"，跟县政府讨论希望重构这个乡村，在几乎已经搬空的村子里直接引入新的业态，并保留原住民共同重建新乡村。政府很支持这次重构的尝试，因此我们就把莫干山的业态和这里进行了一个融合，把村里的 20 多户村民组成了一个村民公社，并由我们在村里重新选址和设计建造。我认为这是一种新的乡村重构模式，只不过我们利用了强大的资本力量和政府力量一起去推动它。

结语

我是 2015 年的 5 月份开始下定决心做这项事业的，到 2016 的 5 月份我们一共签下了 10 个村子的项目。虽然个人的力量有限，但在这 10 个村是我们拼尽全力的尝试，不同的模式不同的业态组合，有整村复兴、有部分重建、有点状引领等，如果成功，它的力量可想而知。在这个过程中，我们先是觉得有一个村子可以做，然后就马上调动资源建造它。与此同时，我们发现了第二村子，又调动资源来做第二个村，就这样一直到第 10 个村子。每个村子的项目资本进入方式都不同，有纯社会资本进入的项目，有政府和社会资本共同注入的项目，各种方式我们都在努力尝试，因为我们不知道哪些方法可以走得通。我们希望在尊重当地文化和维护当地农民利益的前提上，使这些尝试成为我们乡村复兴的一种力量。

"伴城伴乡"是我们运行了很长时间的一个 NGO 组织，它是在乡建过程中秉承城市和乡村的渠道搭建，通过筹钱、筹人、筹智的方法，把城市的资源调动过来形成一个产品平台。我们的自然志、红米计划、乡村微创业、宿盟等项目都是在"伴城伴乡"的机制上做的有益尝试。虽然我们还在路上，也很难告诉大家哪些模式是成功的，但是我们会不断探索，相信总会找到合理的方式和合理的模式。

五

乡建与园冶

宋微建

上海微建（Vjian）建筑空间设计有限公司董事长/首席设计师，
中国建筑学会室内设计分会副理事长

　　我想结合近年做过的乡建项目，谈一谈当代建筑与传统建筑的关系。丁李湾村是我两三年前做的项目，这个村庄没有那么热闹，但是它所传达出来的情趣是我非常喜欢的。在村子的河边都会设置"暗槛"，这样小孩掉到水里也沉不下去。现代园林设计里面都有栏杆，但是常常是装在不恰当的地方，这时候我们不妨向祖先学习一下"暗槛"的设计。在丁李湾，有一件事让我很感动。我们常常强调修旧如旧，但是如何实现呢？村里的石头路有好几百年历史，我不相信现代人能够通过图纸、通过计算回复原状。所以大家想了一个办法，把所有的石块都编号，拍好照片，以保证修复的时候可以保持原样。这个项目用了两年多的时间，我最大的收获是"就像没做过一样"。

将所有的石块编号
（摄影：宋微建）

　　在另外一个项目中，有件事让我很生气。一条路用了乱拼的手法，竟然是将整块石头敲碎后铺成的。乱拼，又叫做冰花纹，是仿造瓷片釉变裂开来时的形状。过去所谓的乱拼是用建筑废料来做的，而不是用好料来砸成碎料。我花了很多时间跟施工方解释，不要把整块好料砸碎，其实可以在大石料里面添小石料，实在不行用一点点水泥。我给他们看了一个 80 多岁的老太太做的工程，她在工地上捡石料铺成了一条路。虽然老太太没有学过任何专业知识，但是她建的东西大家看到了都会感动。从这件事情我想到，做乡建经常不是乱拼石，而是拼乱石，关键是把主观放在哪里。我们现在做古建筑，强调所谓修旧如旧，其实是把好的整坏了。试想一下，在百年前人们盖房子会故意把它搞旧搞烂吗？肯定不是这样。所以，我们现在做出来的东西，是优秀的还是劣质的，主要取决于理念。

　　在乡村建设中，中国很多设计师舍近求远搬来很多西方的理念。但是，我想让大家看看明代的设计理念。《园冶》是中国最古老的建筑学书籍之一，由明末造园家计成著，崇祯四年（公元 1631 年）成稿，崇祯七年刊行。

非常可惜，中国许多学建筑的人都没有非常认真去读过它。有的人认为《园冶》老旧过时，觉得它只能做老的东西，而不能做现在的建筑。关于这一点，其实我们都要反思。通过《园冶》这本书，我明白西方的工法的确很多，但是做乡建，还是要向祖先学习建筑的智慧。

"虽由人作，宛自天开。巧于因借，精在体宜。"这是《园冶》一书中最为精辟的论断。"体宜"就是做设计要考虑人的体验，而不是设计者的视觉体验，不要太多考虑美学尺度，而是要强调人的尺度。"因借"也就是因地制宜，"因"是客观条件，设计时不要老是凭空捏造，把一个传统村落做成四不像。"虽由人作，宛自天开"告诉我们，设计者花了很多功夫，但最好藏在幕后。我做丁李湾的项目，希望"就像没做过一样"，当离开丁李湾几十年的人再回来时，会发现这个村子没有改变，还是记忆中的样子。

丁李湾村项目修建
（摄影：宋微建）

宋代郭熙论山水画说过"山水有可行者，有可望者，有可游者，有可居者"，可行、可望、可游、可居，这也是园林艺术的基本思想，同时也是《园冶》一书追求的最高目标。现在很多新建的小区，"可望""可居"没有问题，但是"可游"就很有问题了。其实回头看看中国的古典建筑专著，都是在讲究人的感受，而不是现在教科书那样用数学公式灌输理论。

世界遗产委员会这样评价苏州园林："没有哪些园林比历史名城苏州的四大园林更能体现出中国古典园林设计的理想品质。咫尺之内再造乾坤，苏州园林被公认是实现这一设计思想的典范。这些建造于16至18世纪的园林，以其精雕细琢的设计，折射出中国文化中取法自然而又超越自然的深邃意境。"这段话是对中国传统建筑的最高评论，其中最核心的内容有两点。一个是"咫尺之内再造乾坤"，乾坤就是天地，这里更多指的是内心的天地，园林营造的物质空间是有限的，但是它带来的意识空间可以是无穷的。另外的核心一点是"取法自然而又超越自然"，就是说不要一味把自然当成模仿的对象。关于自然的问题，我们现在经常听到"以人为本"，我觉得这句话并不是全然正确。既然众生平等，为什么要以人类为本？再进一步的"天人合一"，我认为也不够彻底。最彻底的就是"天人本一"的说法，天和人本来就是一体，不可分开的。就像手心手背原本就是一体，如果把它解剖开，那就不是手，而是血，是肉，是骨头。

传统建筑凝结的是古老中国的智慧，蕴含着深刻的古典哲学，所以用中国人的思维方式来做乡建，就会如鱼得水。现在的一些建筑师掌握了许多科学技术，就贸然要到乡村来普及，那就大错特错了。如果一味要将技术转移到乡村，我觉得这样的建筑师最好还是继续留在城市。因为乡村是中国文化最完整、最末端的基因，不可以就这样被破坏掉，重蹈城市的覆辙。

30多年前，国家号召保护历史名城，结果一个城市都没能保护下来。后来改为保护街区，一样是败下阵来，现在没有一个街区还是原汁原味的。

接下来是保护古镇，但是大多数古镇陷入过度开发，没能保护成功。目前来看，唯一没有败下来的就是村，因为很多村子还没有被开发。

我是苏州人，其实苏州没有什么可自豪，因为这座城市其实没有保护下来。当时的保护概念是文物保护，是把园林保护下来，但是整个城市没有保护。保护下来的是什么呢？是高度限制，所以苏州现在是一个矮城，但并不是一个历史名城。在苏州已经找不到老街了，平江路不是一条老街，而是一条老路，路和街是不同的。虽然城市的格局还在，但是风貌已经不同了。

我们一直强调保护，最后却没有保护成功，所以应该反思一下。什么是自然？人是自然的一部分，祖先几千年的生生灭灭就是自然的一部分，我们不能把人判断为是自然的主宰，人和自然本是一体。我们要保存的不仅是人生存的时空，还要保持人在那个时代的生活经历。

苏州园林
（摄影：宋微建）

145

因为从小在园林环境中耳濡目染，我也看了大量园林的书籍。但是我发现园林书籍绝大部分是从艺术、文学的角度来分析，从建筑本身的角度来分析的很少。许多人觉得中国的建筑就是木结构，并不复杂。但是中国的建筑不是单体的，而是群落式的，既然有群落就要有空间，中国建筑一定与自然紧密联系，所以我总结了四点——"屏、曲、借、寄"。

第一，屏。屏就是阻断，每一个人的家里面都有一个阻隔，大一点是照壁，小一点叫做玄关。过去讲这是一个风水问题，其实是考虑到空气的流动，以及人与人之间雅观。一个人在家怎么着装都是可以的，当有客人到访，就要整理一下着装，所以照壁或玄关有一个缓冲作用。隔，对于中国来说非常重要，园林里的隔是非常讲究的。有一句话讲，空间是越隔越大，越拆越小。比如园林中设置一个长窗，外国人看了会说："明明是一个门，怎么会叫窗呢？"因为它的功能就是窗的功能，到了春暖花开的时候，打开长窗，室内室外就是完全相通的。中国古代是没有室内设计的，建筑做完以后，里外相通。长窗是可以卸掉的，它也叫做屏门，就是一个真正的自然空调。

第二，曲。中国人的属性是曲，跟西方人的直来直去相比，我们讲究含蓄婉转。在造园时，我们的祖先非常推崇"曲"。所谓"景贵乎深，不曲不深"，一条直线距离很短，曲了以后路线就很长。道理很简单，曲不只是平面的移动，也是上下的移动，回廊、曲桥等增加了园林的乐趣。值得一提的是，苏州一个园林在5万平方米里最多时候可容纳三四万人，却从来没有出现廊道拥堵现象。内径一米二的廊道，正好满足游客的观赏体验，这让我想到乡建不需要大，做到体宜的程度就可以了。

第三，借。我做过一个陈家沟项目，那个村子是太极拳的发源地。当地的师傅说："你的一切力量不是自己练出来的，而是借力打力，别人使上浑身力量在攻击你的时候，你只需要把这个力量偏掉就可以了，对方出的力越大就越容易甩掉。"太极拳也好，园林建筑设计也好，都是一脉相承的，是中国智慧在发挥作用，而不是知识。知识是已经认识的东西，用知识来设计你会越走越低，而用智慧设计会和艺术更为靠近。苏州园林最常用的手法就是借，把天地都借来了。"与谁同坐？清风，明月，我。"这是一首诗，但是更重要的是空间想象。但是现在园林管理部门都没有这个意识，在与谁同坐轩中里面放了两个石凳。外国人来了一看却明白，清风明月我，人已经与天地同在，为什么会多一个凳子呢？可见借的手法无论东方和西方都可以做到。

与谁同坐轩
（摄影：宋微建）

第四，寄。也就是寄情于物，情感不必全部通过语言转换。现在很多设计师会解释说这是什么那是什么，事实上只有他自己认为是这样的。只有大家一致认同的，才可以叫"寄"，就像是一叶知秋，这是一个普遍概念，而不是设计师发明出来的。在园林中，盆景需要寄情，没有万千森林，却能体会到森林的浩瀚。这不是盆景大小决定的，而是要看观赏者智慧有多宽广。所以中国人的东西，对欣赏者是有要求的，你需要品，需要用心感受。

在建筑设计中，智慧是非常重要的。我在湖北做了一个酒店，是废旧马厩的改造利用。当时我的指导思想是让马牵着我走，多听听马是怎么说的，而不是我要怎么做。如果从我的主观出发，就会把我的城市经验和知识带到这个项目上去，而做这个项目时，我选择让智慧带动它。在修补马厩时，我告诉工人哪里破补哪里，不要自以为是把它做新。施工时我不在现场，但是最后出来的效果特别好，该有的有，不该有的什么都不放。我看完以后很激动，觉得工人们就是农民的毕加索。当时马厩旁有一块空地，所有的人看以后都建议说要种这种那，我说你放心，什么都不用管，一年就长出来了。结果到了第二年，这片空地开满了紫色的花，我非常喜欢。为什么要干涉自然呢？任何地方的生命都以它自己的方式生长。

在近三十年的城市化发展中，乡村是缺席的，是被忽视的。所幸的是，一些"落后"地区，乡建的滞后，躲过了"发展"带来的文化破坏。最后，我认为乡建特别是传统村落，应回归到旧时的那个年代审视，不能生搬硬套"规范"。

乡村·文创

一

遗产旅游基本要素

Patrick McMillan
美国资深设计师

在过去的 20 年中，遗产旅游业发展势头非常迅猛。同时，遗产旅游的发展还需要很多研究、规划以及"剧本"。我认为发展遗产旅游需要做大量的工作，最后才能讲出一个精彩的故事。

我们公司之前的业务包括巴黎迪士尼乐园的一部分设计工作以及博物馆的设计工作。迪士尼乐园基本上都是虚构的人物、虚构的场景，而博物馆是比较真实的场景和事物，做博物馆设计最需要做的就是"讲故事"。怎样打造一个优秀的旅游度假产品？我认为，不管是去博物馆还是去别的地方旅游，人类都喜欢不断地探索，所以对于遗产旅游开发，我们也可以借鉴博物馆的设计理念。我认为，优秀的旅游度假产品会让人印象深刻，能够提供独特的体验，它是多感官参与的，让人们沉浸在当地的历史、传统和环境之中，并让游客和当地人之间建立联系，以达到启发心智、迸发情感、获得新的体验和灵感的目的。

我们曾帮助美国的班克德高速公路周围的许多乡村实现复兴。在得克萨斯州的大春城（Big Spring city），我们让本地人讲述这个乡村自己的故事。他们的故事主要是关于汽车产业出现的时候，这个乡镇发生了哪些变化，以及汽车产业给他们的生活带来了怎样的影响。围绕这个主题，我们和当地人一起做了很多手记、服装，之后当地人就开始进行角色扮演，他们会在酒店中穿着五十、一百年前样式的衣服，和酒店的客人进行互动。这非常具有当地的特色，也会给客人带来惊喜。

博物馆交互设计，包括声音、触觉、味道等元素
（来源：Patrick McMillan）

这个地区还展示了很多老爷车，来重现历史上的景象。每个月会组织一次小朋友的活动，为小朋友准备一些纸糊汽车的材料，让孩子们在那里用纸做汽车。儿童之间也会相互交流，如果一个孩子喜欢这个活动的话，他就会告诉其他小朋友，就会把这个活动传播到更多的家庭。进行这些复兴项目之后，当地基于汽车产业的特色遗产旅游业蓬勃地发展起来了。

在弗农山庄（Mount Vernon），我们做了一个新的项目。1952年，这个地区和美国很多城市一样废弃了很多商场、商店，我们称之为"历史区"。重建的时候，被遗弃商店的窗户上什么都没有，所以我们就用纸贴宣传画把被遗弃的窗户贴上，使这个本无生气的地方看上去有一些生气。通过改造，这些被废弃的商场、商店就成为游客会去游览参观的景点。同时，我们还邀请了一些音乐家为这些小镇作曲，并把小镇的名字编进这些歌曲里。比如说《班科德公路之旅》这首歌，它是班科德歌曲竞赛的优胜作品。音乐家把班科德的名字融入音乐之中并歌颂这条公路。

在班科德公路附近的另一个小镇维泽佛尔德镇（Weatherford），当地有很多传统手工艺制作的工艺品。这些手工艺被人们遗忘了。现在他们又重新恢复了这些手工艺品的制作，并把工作室改造成酒吧，门口还设置了密码，只有输对了密码的人才可以进去和这些手工艺人聊天、喝酒。我们在班科德公路上举办了很多自行车骑行比赛、跑步比赛等活动。有一个非常著名的影星叫塔卢拉赫·班科德（Tallulah Bankhead），她在电影中穿了一双非常高的高跟鞋，于是我们就举办了高跟鞋公路赛跑，让每个人穿上和她一样的高跟鞋在公路上跑步。我们都知道穿上高跟鞋以后很难跑得快，而且跑步的姿态会变得很奇怪，这样大家跑着跑着就觉得特别有趣。

在美国得克萨斯州与墨西哥交界的边境，有一个小镇叫做拉雷多（Laredo）。这里之前有很多的贩毒者，所以慢慢地这座小镇就被废弃了。但现在我们希望通过发扬当地墨西哥传统的烹饪和手工艺来复兴这个地区，因此就让祖母一代的当地人把一些传统的烹饪技巧教给年轻人。游客也会跟着他们学习，并且乐在其中。

在拉雷多，传统烹饪技巧的传授
（来源：Patrick McMillan）

当被问到是否有难忘的遗产旅游体验时，你会发现大家说的大多是一段经历，而不是某个东西。我们做过一项统计，人们听到的东西只有10%能被记住，看到的东西有30%被记住，做的东西却有90%可以被记住。也就是说，做的东西总是比看的东西更令我们印象深刻。这就是为什么我们需要通过互动来刺激游客的感官，调动他们的积极性。因此，我们会让游客上去驾马车、去亲自学习牛仔的技能、去亲手编织印第安式的棚屋，游客们在编制棚屋的时候就会对印第安人有更多的了解，并发现印第安人的智慧所在。

我们从设计中总结了一些想法和技巧，主要包括以下几方面。第一，我们需要知道我们的受众是谁。第二，我们需要去考察遗产到底是什么样的，例如物质遗产、非物质遗产等，并且要把各种遗产详细地记录下来。不能因为有些东西自己已经非常熟悉了就遗漏不写，因为对于游客来说，一切都可能是非常新奇的，甚至我们用当地方言说一句"你好"，对游客来说都是特别的经历。第三，我们需要识别一些资源，包括当地财务的资源、人力资源等。尤其是人力资源，我们需要用很长的时间来召集很多的人，然后充满热情地去做事情。第四，我们得有一些切实的活动和项目，最好是人们喜闻乐见的活动，而不是喊口号。在活动举办的过程中，我们要分析哪些活动是大家喜欢的，哪些是不那么成功的，以便进行筛选。总之，这一切都要落在"讲故事"这件事上。我们不只是提出一些事实，我们还要给受众讲出生动有趣的故事，使受众难以忘怀。

讲故事，就需要有一个动人的主题。此外，我们还得设定一些目标，这包括设定学习目标。我们需要弄清楚究竟希望通过一个活动让受众学习到什么。设定情感方面的目标，想清楚我们希望人们沮丧、高兴、生气，还是兴奋？一旦抓住受众的心，他们就会按照引导参与进来，这样的话我们就能够把控游客的行为。还有就是设定行为目标，例如我们希望城市变得更加干净，并使游客能够参与其中，那么我们就需要去用行为表示这些目标，而且说服他们。

我认为，最重要的一点是从游客的角度思考。比如作为游客，我会想到干净、舒适，所以对于得克萨斯州那些非常肮脏的被废弃的城镇，我们首先就要保证这个地方的整洁。做一些鸟粪清理、植被恢复的工作，同时还要让爱护环境这件事在当地广泛地传播。另外，美国很多州的标志牌上全都是字，而且字号特别小，这是一种不可取的做法。一个标志牌应该让游客最多用 30 秒的时间就能读完，我们如果能找到一个非常好的画家或者平面设计师的话，经过设计的标志牌会更一目了然、赏心悦目。总而言之，在乡村小镇发展遗产旅游的时候，我们要将心比心，从游客的角度来审视我们的村落和小镇。

二

从乡村旅游的定义谈乡村旅游产品的打造

德村志成
著名国际旅游专家、杭州师范大学生态规划设计研究院总工程师 / 教授

　　我来自日本东京，1998 年来到美丽的中国，从留学至今已在此生活了十八年，在大学和民间企业都工作过。所以，我想从经营者和学者的角度，来探讨乡村旅游的发展与经营。最好的乡村旅游产品是在有好山、好水、好风光、好村民的情况下，尽最大的努力策划出一个好作品，让乡村旅游产品做得精彩。只有将乡村的精神、精髓与精华发挥出来，才会让旅游者不仅满意而且感动，从而常想、常来、常往，常住最后还有可能长住，更可能因而想要回到乡村，支持乡村旅游的发展。

关于乡村旅游

　　经营乡村旅游，首先要了解乡村旅游的定义。在 2004 年贵州举行的乡村旅游国际论坛上，与会的专家最终形成了一个比较统一的意见。他们认为中国的乡村旅游至少应包括以下三点：一是以独具特色乡村民俗民族文化为灵魂，以此提高乡村旅游的品位和丰富性；二是以农民为经

营主体，充分体现"住农家屋、吃农家饭、干农家活、享农家乐"的民俗特色。三是乡村旅游的目标市场应主要定位为城市居民，满足都市人享受田园风光、回归淳朴民俗的愿望。

然而，这里有一个问题。所谓的乡村，通常都仅仅把"农村"作为乡村旅游的范围或者背景去论述，事实上它忽略了渔村、山村和畜游牧村等的存在。因此，我认为乡村旅游的范围应该是涵盖了农村、渔村、山村、畜游牧村等。再则乡村还必须要有乡村的民俗、民情、民风等的文化内涵。文化是整个乡村旅游发展的重要核心内涵，也是乡村旅游发展的主要支撑要素。

另外，乡村旅游发展必须理解和认清发展的主角是谁。我认为村民才是真正的主角，他们是乡村旅游的接待者，是乡村体验的指导者，是乡村文化的传承者。而村景则是乡村资源的主角，村景包括自然景观和人文景观，其中人文景观包括历史、民情、民俗，自然景观包括山水、村道、建筑。而乡村旅游产品卖的是什么？是乡村文化的精华、是乡村生活的智慧、是乡村淳朴的特性、是乡村的自然环境、是乡村和谐的现象。文化、生活、淳朴、自然，这是乡村最珍贵的资产，而这些条件或现象也是旅游者到乡村后的主要学习、考察、体验的对象。村民是村文化的创建者，也是继承者、传播者。作为主角的村民，在如何让产品得到市场青睐以及产业的永续发展上起到重要作用，是乡村旅游发展的关键点。

乡村旅游发展迅速，村民作为乡村的主角地位也渐渐受到了外来移民的冲击，有时会出现主客不分、主客难分、主不随客流、客不随主便等问题。尽管如此，我认为村民和外来移民两者是不应该有矛盾性的，因为大家方向是一致的，都是希望振兴乡村的发展。主客的矛盾也是可以化解的，因此，我赞成外来投资者善意地来乡村投资，但他们必须明白一点，那就是作为外来投资者在整个乡村旅游发展上，所处的位置应该是配角而非主角。双方各有所长，如原住乡民在维护乡村的美景，和对整个乡村的一切人、事、物上的熟悉度上是胜过于外来投资者的，而外来投资者有着先进的经营理念。只要两者和谐共处，彼此互动互助，互相成长，共同繁荣乡村旅游经济，必将成为乡村旅游发展的最理想模式。

　　了解到乡村旅游的地域、主角等问题后，还需考虑旅游的六要素。乡村旅游也是一样在卖旅游产品。从单纯的旅游角度来看时，乡村旅游的整个过程中至少包括旅游的六大要素——吃住行游购娱，否则就很难称得上乡村旅游。乡村是指远离都会的土地，人口和住宅相对稀疏，具体来说包括农村、渔村、山村、离岛等地区。所以，乡村旅游的最大特点在于大范围的感受，小范围的体验，感受到天人合一的共生、和谐。我认为乡村是个值得细细品味的地方，乡村旅游休闲应该设想让旅游者慢游、慢赏、慢品、慢学、慢聊。乡村旅游如果不能让大家慢下来，那么它就是失败的，作为旅游的策划者也要尽量朝这个方向走。因为旅游者慢走、慢游、慢看、慢聊、慢品，最后会变成常想、常来、常看、常聊、常品、常住，甚至于长住。只有如此的乡村旅游发展，才有可能创造良好的循环作用和为乡村旅游发展创造经济效益。这正是乡村旅游休闲发展期待的目标。为此，乡村的大环境应该始终处于静、净、境的状态，也就是宁静、洁净、意境。否则，乡村的特色就无法展现，那就意味着难以发挥特色而无法发展。

贵州省黔西南万峰林
（摄影：德村志成）

乡村旅游的终极目的是留住游客，让旅游者有机会真正看到听到、学到、悟到以及享受到乡村的美好进而喜欢乡村，最后成为维护美丽乡村的使者。在这样的思想循环运作下，必然能让乡村的文化与自然得到良好的维护。如此，才能使乡村旅游得到真正意义上的可持续性发展。

关于民宿

在解释完乡村旅游的定义后，我要着重分享民宿的理念。

乡村强调的是什么？乡村是人们能够感受悠闲状态的地方，会让人有一种回归的感觉，给人一种城里所没有的清静。乡村的美景以及由此衍生的文化艺术，让人有足够的理由再次到来。感受乡村的美好，民宿的发展是必不可少的。提供旅游者住宿是乡村旅游的首要基本条件之一，唯有考虑到如何留住旅游者，才可能实现真正的乡村旅游经济。因此发展民宿是乡村旅游的正确选择。

什么叫民宿？传统的民宿是指利用自用住宅中的空闲房间，结合当地人文、自然景观、生态、环境资源及农林渔牧生产活动，以家庭副业方式经营，提供旅客乡野生活的住宿处所。此定义完全诠释了民宿有别于旅馆或饭店的特质。民宿也许没有高级奢华的设施，但它能让人体验当地风情，感受民宿主人的热情与服务，并体验有别于以往的生活，因此蔚为流行。这股民宿旅游风潮，从一片原属于低度发展的行业中，创造出另一片欣欣向荣的景象，改写了旅游形态。[1]

从法规的角度来看，日本则是如此的定义民宿：民宿主要是由民间运营，绝大部分都是小规模的而且房间是以和室（日本式）为主，也就是设施设备是以日本和室风格来体现。主要是观光与休闲的客人为主，绝

---

[1]　百度百科. 民宿 [EB/OL].[2016-04-08].
http://baike.baidu.com/link?url=QzrGjM8Ufn7Au16GFBwtsRCEscRXKsL4A4km2vEI
WCF_j5Ms7DVaiiJpqqiosF_s3T5N0W53DfPDrYmVHuScDPWv3QklX96dDhyXG3G
cTNO

大部分都是以家族作为运营的主体。从旅馆业法的分类而言，民宿根据设施的基础标准，以简易宿所营业的法规来取得营业许可的。[①]

民宿必须与当地的人文风俗、自然景观、生态环境相结合，与农林渔牧生产活动发生联系。如果这些都没有的话，游客就无法体验当地风情，这里也就不足以称为民宿。现在台湾的民宿业发展得最好，在城市和乡下都可以搞民宿。此外，浙江省的民宿行业也在朝着很好的方向发展。

我认为乡村是百姓心灵的归宿，那么民宿怎么打造？民宿拆解开，民就是百姓，宿就是归宿，这两者之间是用心连接起来的。心最关键，如果民宿经营者不懂这颗心，那么民宿建起来就没有意义了。所以，我觉得民宿应该让旅游者有一种归宿感。用心服务应该分为静态和动态两部分。静态的部分是用真心、真情、真意服务客人，用善心待远方的客人，这是一个乡民应该做的事情。动态部分就是要学会充分利用乡村里的所有题材，包括人、事、物，作为策划者的作用就是将这些动态展现无遗。乡村旅游产品的打造首要是抓住人的感知器官，满足旅游者的听觉、视觉、嗅觉、味觉、触觉。视觉是展现原景，听觉是发出原音，嗅觉是散发原香，味觉是拿出原味，触觉是提供原艺，让旅游者能够透过我们的策划感受到乡村的一切美好的人事物。

---

① 雅虎日本 . 民宿の定義 [EB/OL].[2016-04-08].
http://search.yahoo.co.jp/search;_ylt=A2RA2DJFJTVY.Q4Ad6ptUvN7?p=%E6%B0%
91%E5%AE%BF%E3%81%AE%E5%AE%9A%E7%BE%A9&search.x=1&fr=top_
ga1_sa&tid=top_ga1_sa&ei=UTF-8&aq=2&oq=&afs=

贵州省荔波县村民在耕作
（摄影：德村志成）

树立正确的乡村旅游观念

近年来，民宿业不断发展壮大，也就意味着乡村旅游的繁荣。中国的乡村数量庞大，因而乡村旅游发展中的问题也层出不穷。作为一名经营者，我希望把自身的经历分享给广大乡村旅游的策划者和经营者。

乡村旅游兴起的主要原因是经济的繁荣。经济快速发展带给了人类丰富的物质享受，但也同时让人产生了对乡村生活的渴望。这样的现象越是城市化发达的地区越明显，因为紧张劳累的都市生活使城市居民得不到一点宁静和安逸。所以，以乡村为背景的产品就顺应而生了。同时随着绿色环保的新概念普及，人类渴望返璞归真，回归大自然的心态更是锐不可当，这样的想法已经成为一种时尚。乡村由于有着大都市所没有的淳朴和宁静，自然便成为主要焦点，进而被开发成乡村旅游产品，因而更加速了旅游者向往乡村生活的情景。在中国，近年乡村旅游正处于快速增长的高峰期，它的兴起确实给城市居民提供了一个良好的休闲生活的场所。

　　淳朴和宁静是乡村的自然价值所在。淳朴指的是乡村人的天性，质朴淳厚、憨厚老实、人情味浓。宁静指的是乡村大环境是一种特有的宁静，但并非无声，而是境界之意。但如果乡村变得不淳朴又不宁静，城里人还会对它心向往之吗？在中国，近年来乡村旅游虽然快速增长，但是乡村旅游的主要意义却并没有因此得到正确的认识。常有旅游者不知道为何而来，让乡村失去了原有的淳朴，更因此或多或少地影响到乡村的自然生态和幽静的生活。

贵州省荔波县乡村风貌
（摄影：德村志成）

　　要留住客人，首先得保住村落风貌。乡村之美从整体来看，分为文化传承、集落美景、生产样态三部分。我在做策划的时候，一定会先把"纯性、特性、个性、温性"找出来。维护美丽乡村，也就是维护传统的建筑风格、乡村的原真性以及传统民俗风情。我一向认为乡村的主体就是保留原生态，这些部分如果没有好好保护，乡村旅游是没有办法发展的。保持原有的建筑风格，是中国乡村旅游需要解决的重点问题。在日本，乡村再如何改造，老房子的外貌也都会尽最大的努力得到保留。而在中国，许多传统结构的民居被破坏，改用钢筋混凝土。有时候房子经过改建后，为了追求所谓的现代化，墙面被贴上瓷砖。这样一来，传统乡村之美被破坏了，乡村那种古朴纯真的味道也随之消失。其实，不用瓷砖也能达到很好的装饰效果。现在有很多环保的替代品，能够让外观仍旧保持木质或是石材的外貌，但是非常耐用且容易清洗。如果怕上山寻找石材麻烦，或者无法获得足够的木料，就可以选用这种替代材料。这样既保持房子的现代化，在外形外观上也不会有破坏建筑的传统味道，我建议以后改建房屋时可以多用这样的环保产品。

为了让旅游者能够在乡村停留更长时间，政府也要发挥作用。我的建议就是始于村前，终于村后，采取一村一品的概念。这种做法日本也用过，我们要让每个村落各展特色、各显风格，设计旅游产品时各出奇招、各发奇想，最后做到各个统一。此时，就要靠政府把每个村落串联起来，让游客可以一个村接着一个村地游览下去，只要各个村落的产品品位能够做好了，那么在一个大区域内住上十天都不会厌烦。

在一村一品的战略下，政府鼓励每个村专注做一件事情。比如这个村民俗丰富就专搞民俗，那个村土鸡好吃就发展养鸡产业，这样才叫做各有特色。以河南新县为例，政府可以支持各个村落展现自己的特长，然后串联各村的优势产品，形成一个环状旅游路线。旅游者可以借这个线路展开旅游行程。正所谓"村村特色，村村是景"，乡村特色尽出的话，必然会让旅游者感受到乡村美好的可贵，也就是说"村景悦人心，百看不烦心"。这才是让旅游者能够慢慢享受村的乡情的最佳状态。在乡村旅游中，政府和村民之间要形成良好互动，一村一品，串连成线，丰富旅游产品，感动远方的来客。从而让所有人能好好地品味、体验、感受，最后让他回味乡村的美好。

乡村旅游者是选择乡村作为旅游的去处者，绝大多数的人都是想借乡景的美好来忆起过往，或是尝试寻找书本上所谓的美景，并在心灵上找到一个可以依归的心宿，而一解乡愁。针对这样的受众，策划就成为至关重要的问题。在搞策划创意的时候，我考虑的最关键问题是创益。创意的最终目标在于创造利益，创意如果不能创益就没有意义，那是自我陶醉了。而所谓的创益，事实上就是为乡村创造利益的同时，也要为旅游者创造到访乡村后总体的感觉是"值"，否则这个创意就没有价值了。

福建省三明市上坪乡民居
（摄影：德村志成）

作为规划策划者，我觉得一定要同时帮当地策划经营、管理和服务。这时候要提出战略、方向、口号，我为新县想了一个口号——"产品靠新鲜，新县产新鲜"。我建议新县成立新鲜农产品的生产基地，"要健康靠新鲜，要新鲜找新县"，强调健康的理念，这是新县必须要做的。

除了口号这类的经营战略，服务战略也一样关键。我曾经在景区工作过，在景区游客有三件事一定要做——买票、上洗手间、买水喝。全国老百姓到景区骂得最凶的是什么？是一瓶水在城里可能只要2元，但到了景区一定是城里的好几倍。为了解决与满足旅游者所需，让他们高兴地来愉快地归。所以，我做了一件完全相反的事，一瓶水只卖一块九毛钱。结果我亲眼看见一位老先生提着六瓶水回家，而且高高兴兴的。旅游为什么要在水上赚一些蝇头小利呢？只要在乡村旅游中，让村民多创造出属于自己的产品，这样有价值的旅游商品，一定可以卖得好价再以"童叟无欺，保证品质"的理念来展开，这才叫成功的策划。服务战略是投资最少、获益最大、效果最好的战略之一，策划者应该好好利用。

结语

最后，作为经营者和学者，我认为旅游的发展不仅仅要让游客满意而且是感动。我认为满意是主客体在进行交易时，最原始、最低等的要求，服务业的最高境界是让旅游者带走对旅游的感动。人被感动的时候有三个化学作用，第一是回忆那件事情，第二是回味某个细节，第三个是回头去看感动发生的地方。由感动的三个化学作用来看，旅游最需要的就是让游客"回忆、回味、回头"。因此，我在任何演讲的最后关键语就是"只有感动的回头客，没有满意的回头客"，以此作为结语。

三

民宿带动乡村旅游发展——以台湾为例

李青松
台湾民宿协会秘书长

农村现在普遍遇到了一些问题，包括产业、人口、医疗健康等方面。我在大学里主修的是农村复兴，当时就很想贡献自己的一份力量。但是，毕业后我发觉面对台湾农业发展的困境，将学到的东西应用到实践中去，仍然会有很大的困难。从早期复兴农村、富丽农村，到精致农业，台湾过去经历了阶段性的发展。要想让农民获得该有的利益，复兴活化他们本身在农村的生产与生活，就必须考虑如何让都市人能够到乡村来体验，购买当地的东西，让当地人活得有自尊。

其实都市人对乡村生活是有渴望的，包括乡村的生活环境、健康的粮食，当地传统文化和艺术。那么如何才能让都市人的渴望变成真实的可能呢？这就要把乡村的一些机能重新盘活起来。从经济的部分，一方面，提供健康的粮食；另一方面，让高龄化的人重返工作岗位，快乐地生活。其实活得健康，不仅在吃的上面，生活快乐也很重要。在日本的长寿村，

165

村民到了 90 岁还在田里工作，这并非因为穷，而是他们活得很快乐。友善地让老年人重返工作岗位，不但能解决乡村高龄化的问题，也让城里人看到越活越年轻的快乐。从生态环境部分，众所周知，农村对整个生态环境的维护是非常重要的，因为生活环境较好，所以台湾提出来"四生"，即生产、生态、生活、生命，让城市的人来农村体验绿色生活。

在地化的文化创意

从社会文化来说，农村具有安定性功能。那么如何让这些无价的乡村景致转换为有利的生活方式呢？从旅游发展的观点来讲，乡村旅游的发展是很多因素共同作用形成的，除了简单的食、住、行、游、购部分之外，还有历史、文化、自然以及艺术作用，以及五官带来的体验，所以我们将乡村旅游的文化通过民宿＋乡村＋旅游的模式展现。乡村旅游与传统的大众旅游和团体旅游不一样，它必须要有故事性，由当地人讲述当地的文化，让都市人能够去接受它，认同它，喜欢它，而绝对不是反过来满足游客一些其他需求来破坏乡村文化。因此我们看到了创意生活产业，台湾虽然不大，但是台湾的北部、中部、南部各有不同的地方文化，包括闽南文化、原住民文化、客家文化、外省文化等。

台湾营造乡村旅游就是将文化和生态资源整合，从而创造地方的魅力。阿美族生活在台湾东部，他们创造了让鱼在水里面悠然的生活的环境，然后等鱼长到某一个程度的时候，才捞捕食用。这里捕捞大鱼留下小鱼的方式，很符合生态永续发展。他们捕鱼时并不是用渔网，而是用一种所谓"巴拉告"的方式，正是这种独特的捕捞方式让游客体验到与土地共生的幸福感。

巴拉告生态
（摄影：李青松）

台湾民宿发展特色

什么叫民宿？在台湾来讲就是用自用的住宅，以家庭副业的方式来经营。它不同于乡村酒店的理念，是一个强调民宿主人魅力、有温度的住宿空间。基本上来讲，台湾的民宿有三点特色。一、提供有别于一般酒店的住宿方式。二、提供日常生活以外的休闲活动体验。以前的农家乐就是游客去乡村吃完一顿饭，再去下一个目的地。为了把时间拉长，让游客可以住一晚，所以我们就推出含晚餐和早餐的一泊二食的活动。三、提供小规模经营。其实台湾许多酒店不愿意经营，我们就辅导当地的居民将在地化特色建筑，进行小规模的经营。民宿的价格也非常多元化，从人民币200元到2000元都有，这就让都市游客有了更多的选择。四、家外之家的人情味，就是游客进来后能感受到家的温暖和当地的特色。

民宿主人灵魂魅力

在台湾，我认识几位特别的民宿主人。第一位是南投县民宿协会的理事长彭成裕先生。他经营成龙山庄，也拥有一个酒庄。来这家民宿的客人，会被邀请喝他自酿的葡萄酒及品尝各式美酒，让客人饮酒住宿体验。第二位是宜兰逢春园的接班者林嵩浩先生。他曾在瑞士留学，本来做的是酒店管理，但因妈妈经营的民宿非常好，是全台湾的十大幸福民宿之一，他就决定回来经营民宿。一位香港游客很喜欢来台湾旅游，在这家民宿住下后与他相识相恋后结婚，成为目前逢春园的女主人。逢春园强调生活是一种旅游，恋爱是一种旅游。其实台湾民宿发生过很多感动的爱情故事。第三位是南投埔里三茅屋的主人，他可以用口技的方式发出十几种青蛙的叫声，将当地的青蛙生态与生活结合发挥得淋漓尽致。最后一位民宿主人是愿意花大把钱把原来破落的老宅重新修建，只是为了家乡可以更美。他家民宿的名字叫天空的院子，设计中结合了音乐与文化创意的活动，很受游客的欢迎。同时，游客离开时还会收到主人提供的路上吃的便当，给大家一种在古迹当中跟时光相遇的感觉。所以民宿不仅是一个让游客住的地方，更是家的温暖与当地特色的融合。

逢春园民宿主人林嵩浩
（来源：林嵩浩）

台湾特色民宿个案

在南投清境，有一家民宿名为老英格兰庄园，在台湾被称为"小瑞士"，民宿主人花了一个亿去营造山庄。这里位于高海拔的山上，台湾能够下雪的地方不多，而这个地方可以下雪，冬天去非常有味道，夏天也是避暑的好地方。这里群聚各种欧风的民宿，将原来的清境农场结合民宿旅游，发展成为台湾目前新兴的乡村旅游地。

苗栗卓兰小屋是利用农村的谷仓及老宅做成特色的民宿。女主人喜欢做蓝染，住进来的客人都可以体验染自己想要的布匹，并且离开的时候，还可以做成衣服或把布匹带走。男主人喜爱烹调，会与住宿客人分享创意的美食。客人来此，可以在农场采摘蓝染原料、认识香草、制作染料、学习蓝染并且分享美食，客人会体会到满满的浪漫幸福感。

基本上来讲，台湾的民宿会提供有很多的体验活动，游客到农村的晚上不会感到无聊。另外台湾的民宿的建筑外观也非常多元，有传统的老农宅、三合院，新建的洋楼及特色建筑。但是，吸引游客绝对不是只有朴实或华丽的建筑物。其实，在台湾的民宿不仅是一个个房子，它更是有灵魂的有温度的，每一个民宿都会带给游客不同的体验，并且强调在地化的特色。

民宿推动乡村旅游

有人说去乡村体验生活是好山、好水、好无聊，但大家发现台湾是好山、好水，好有趣。除了一些山水风景之外，这里还有一些特别体验。因为台湾的民宿非常具有文化特色，从南到北，闽南式建筑、哥特式建筑都有，园艺规划也很别致，整个造景设计美不胜收。另外，民宿主人都极具个人魅力，他们会带游客去体验导览私房行程，例如去看萤火虫、带游客去骑车等。现在民宿强调就是在农场中用餐，尤其是游客在农场中亲自采摘农产品，然后做成食物，一起品尝，这样的生态的体验让更多人投入、推动新村旅游的发展。

老英格兰庄园民宿
（来源：网络）

　　过去民宿主人是退休后经营民宿，现在是青年二代主动回来经营民宿，传承与接班使台湾的民宿更具活力。我们希望通过民宿能够让年轻人在乡村扎根，让乡村不再是幼龄者和老人，通过民宿推动农村旅游，活化农村的发展，建造美丽的乡村。

四

构建以乡村为主体的商业模型

陈长春

远方网总编、北京延庆山楂小院项目负责人

要构建以乡村为主体的商业模型，首先要了解商业模型。商业模型的核心是运营，如果度假村没有运营，就好像鸟儿没有翅膀。没有了优质服务，即使环境再优美，舒适感再强，也很难获得顾客青睐。现在很多以政府为主导的地方，都在如火如荼地建设度假村，但也均面临着一个共同的问题，就是投入建设的村子很多，而获利的不多。

以新县为例，开展"英雄梦·新县梦"时很多村子都在同时进行乡建，为什么西河村偏偏会走在前面？这与它运营良好密不可分。谈到运营，有一个问题值得一提，就是在我与孙君老师、李昌平老师合作做项目营销时，我负责引进客户，其他专家负责筹建景点，当地人负责接待。如果来的游客对这个地方的服务不满意的话，很难得到良好的解决，因为农民自己没有能力处理妥当。但如果都招外地人来做，又有些力不从心，可想而知，当你们在家里幸福生活的时候，他们又要忍受怎样的前期创业之苦。为了摸索出一条路子来，我暂时把营销工作放下，用两年的时间来认真地对北京周围度假村的运营情况进行探索，才明白如何才能运营好一个度假村，我会通过几个案例进行分析。

蒲洼梯田酒店

首先是蒲洼梯田酒店，我们给它的定位就是"看最美的梯田"。蒲洼当地有一些林中的小木屋，但是村民并不太会运营，于是我们就将这些小木屋以每晚 400 元的原价买断，随后进行包装、设计，很快就将它卖到了每晚 1800 元，并且是两个月以内订不到房间。这就是市场运营的重要性，如果让农民自己去做，由于眼界和手法的限制，他们无法实现运营的突破。其实，他们的条件非常好，前期规划、设计、施工，这些人的努力所体现出的成果都非常优异，但是这些东西都是死的，需要人把它变活。游客到这里来消费要享受的是活的服务，如果服务提上去了，这个景观就有了收益，否则这个地方就只有观光的价值。

因此，我们在营销小木屋的时候推出的口号是"在海拔 1200 米的地方推窗看云海"。同时，我们将其改名为"蒲洼梯田酒店"，这样就有了愿景，游客们纷纷被这个名字打动，接踵而来。于是，运营平台又请了专业的厨师帮他们提升农家菜的品位，并以蘑菇为特色。这样原本每位客人只能赚 50 块钱，在经过特别改善、设计以后，每位客人就可以赚到 100 块以上，所以提供这些小木屋的农民成了当地首富。当然，这里的房价由原来的 400 块钱涨到 1200 块钱，再涨到现在的 1800 块钱，换做以前我都不敢想。但正因为北京的区域优势，北京较高的消费水平使这一切都成为了现实。因此，面对这么好的资源，我们又策划了儿童采蘑菇等活动，把当地的许多资源都进行了盘活。

隐居乡里

第二个案例，是我之前一直在做营销的，现在名声也很大的山里寒舍。我们给它定的口号是："是啊，人应该住在山里；是啊，人应该住在乡村；

是啊，人应该住在田野里"。但要到达山里寒舍，在过了酒店大堂之后还有大概 10 里山路，中间没有任何人烟。穿过大堂就恍如隔世，里面景色宜人，有隐居的感觉，所以这个项目就被定名为"隐居乡里"。很多农民很难理解城里人愿意去吃野菜，对竹笋、芦苇花感兴趣，甚至对他们用破碗装的菜充满期待。其实，有些设计并不见得要花很多钱。有时花很多钱，城里人也不见得会为它买单。城里人愿意买单的只是田园风光、乡村元素与城市居住条件的结合体。这些让他们能够体面地去享受乡村生活，而不至于在享受了乡村很好的空气、阳光、山水后没处上厕所，白天去玩出了一身汗回来后没有水洗，再或者是自己盖的被子上面都是前一个人的体味。因此，我们要做的是供给条件改革和产业化升级。

密云山里寒舍
（摄影：陆岗）

山里寒舍周边风景
（摄影：陆岗）

这个项目最大的卖点是"星空"与"阳光"，请问哪个设计师可以设计出这样的作品出来？但设计师能够以星空为突破口，将它与自己设计的东西结合，这样舒适感就来了，房间也就好卖钱了。哪一个设计师又能设计出来洒在床上的阳光？但是我们可以把窗户设计好，让阳光进入到房间，达到异曲同工之妙。如今，乡村旅游逐渐成为一个潮流，游客们可以到农村挖土豆、摘野菜、耕地，或者是喂猪、养鹅、捡带有体温的鸡蛋等，这些都是乡村和城市的差异化，而这些差异化就是乡村的观光价值所在。

而且，设计者在项目里面保留了一些不愿意迁走的原住居民，他们的乡村原始生活方式也可以成为一个游览项目。这个项目的房价是每晚1600元到3600元，但在接手之前他们在携程上面一个月内只能卖出5间房，经过我们包装设计后，3个月内12间房全部爆满。在对房子重新设计，并对服务进行高标准的要求后，这里开始进入了标准化的运营。

山里寒舍房间内景
（摄影：李双喜）

亲自采摘的农家菜
（摄影：陆岗）

山楂小院

山楂小院是三年来我亲手打造的一个小院子，很多人说陈长春你很奇怪，好好的互联网不做，跑到农家院去了。事实上我是要做一个试验，通过蒲洼梯田酒店和山里寒舍两个案例，我了解到农民在运营农家院时会遇到的问题。我把这些问题找出来，然后找到一个共通的解决方法，去培训农民，让他们的设计、施工与后期的管理和营销连接起来，没有这个环节，就相当于只建造了一个华丽的酒店而里面没设收银台。

另外，孩子来到了乡村，就有一种回归自然的天性，参加各种农舍活动。吃农家饭时他们都非常开心，我们用当地的野生山楂研发的山楂汁，也会打动每一位来到这个小院的客人。而且，设计师在改造的时候，极大地保留了这个村庄外部的原貌，只是让它内部舒适感能够得到一个提升。这样一方面极大地保留了田园风光的独特性，另一方面也尽可能地把成本控制到了最低。

这里居住条件都非常好，房价同样达到了每晚1800元，这种价格连五星级酒店都达不到，但跟五星级酒店不一样的就是这里有好山、好水、好空气，这个优势就决定着山楂小院拥有比五星级酒店更高的议价能力。同时，营业时间特别选择在冬季，这是一种挑战。淡季在北京，一般的度假村都关门了，而这里仍然可以达到60%的入住率，这就是我想要做成的目标。

我们的商业模式是成立一个平台，把农村废旧的院落，甚至做不好的农家院包装好，改装升级后卖给城里来度假的人，同时运营平台负责指导和培训农民去运营。整个模式分工是运营平台负责设计、培训、管理和营销，房东只需要提供房子和维修就行，当地的农民负责承包院子和接待游客，然后村集体成立一个合作社负责一些秩序的维护，环卫、应急以及农产品的供应等。

　　山楂小院在经过四个月的运营后，就有一些投资者过来商谈，希望它能像滴滴模式那样去运行，让各种农家乐可以得到更好的营销和分享。另外，我们的分利模式是运营平台占30%，管家和业主占30%，其他的都是村集体和合作社的。每年村集体每个院子大概可以得到1.5万元的收益，运营平台可以得到3万元的收益，业主可以得到4万元的收益，负责管理这个院子的村民可以得到5万元的毛利。

山楂小院秋色
（摄影：指南针）

　　虽然怕设计师否定我们的理念，但是这个概念还是要提出来，首先运营度假村的投资者和政府工作者必须要清楚度假村的运营主体是谁，然后根据他们的喜好去设计相应的房屋和活动等。其次，商业是乡村建设的命脉和血液，人们必须要尊重它，即做事情一定要有甲方。有甲方，度假村才能正常运营；有甲方，度假村才能实现它自身价值。第三，我们的工作重心是要把乡村变成可以消费的商品，这里的商品可以是水和空气等，但不是大家说的复杂的东西。城市人需要精神上的乡村，农村人需要物质上的乡村，城市人需要找乐儿，农村人需要挣钱。只有知道这些根本问题才可以使设计尽可能地简捷、低成本。

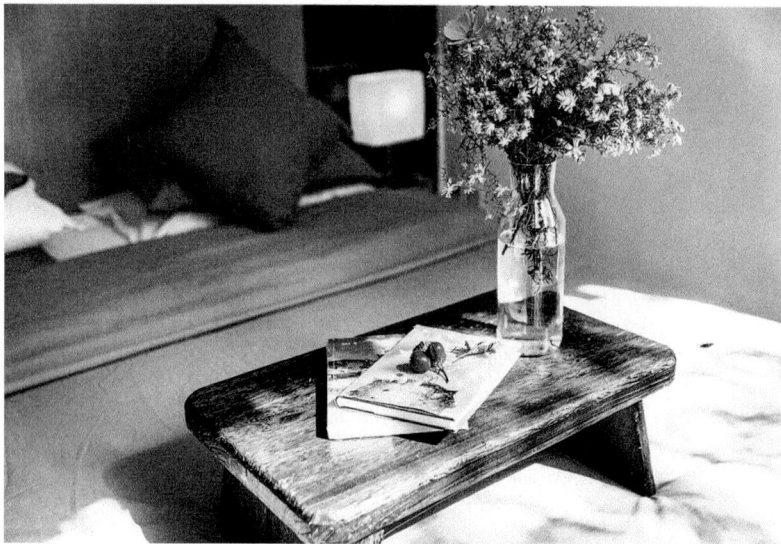

山楂小院内景
（摄影：指南针）

在设置商业模型的时候，投资者要尊重每一个人的利益，让每一个人有利可图，而又不能唯利是图，这就是合作社的重要性。请尊重农民的一切，包括他们的狭隘与胆怯，因为，所有的压力到最后都要承受在这个主人身上。而对于农民到底能不能做乡村的主人？我的观点是可以，而且农民必须是乡村的主人。

除了旅游和度假外，乡村还可以搞一些什么？这是一个很深的想法。但是我要强调的一点是乡村是一场关于真、善、美的生意，我们做的所有生意最终都要定义在这个方向上。一个商机在乡村肯定是有前途的，不要只想着暂时的利益，因为，这个村子的主人就是当地人，作为外商来说也许一时可以获取一些暴利，但是不会太长久，人可能一时犯傻，不可能永久犯傻。所以，如果投资者要想到一个乡村长久地发展业务，就要建立一个公平、公正的合作模式来赢取相应的利益。

如果大家有兴趣到乡村创业，而不仅仅是做一个作品就走人，让当地人不知所措的话，在我的经验里面，乡村有很多赚钱的机会，乡村能够改变你，也可以改变农民。如果大家愿意以一个谋生的姿态进入到乡村，乡村可以成就你，也可以成就父老乡亲。

五

从莫干山到松阳，只是一个开始

夏雨清
《私旅行》杂志出品人、开始众筹副总裁

"从莫干山到松阳，只是一个开始"，其实"开始"有两个含义，一个是我进山的开始，另一个是助力乡建的开始。

2001年10月8日，我还在浙江卫视工作，去莫干山拍了一个宣传片。当时莫干山并不像现在这么热门，因为已经过了黄金周，山中根本就没有人，整座山都是空的。我在山上看到了一座房子，叫颐园。我穿过民国遗留的台门，从落满红叶和桂花的台阶走过，进入颐园，院子很大，有很多棵大树，红枫、桂花、金钩子、山茶，都有上百岁了，门前有小溪流过，完全是一幅绝美的画面。

从那个秋天起，我喜欢上了颐园，就租下了这个房子。当时所有人以为我疯了，它虽然漂亮，但毕竟是一栋20世纪30年代的老房子，非常破败，房顶都坍塌了。我当时的想法很简单，就是希望山中有一间小屋能陪女儿慢慢长大。女儿还小，特别喜欢养狗，养鸡，养各种动物，山上可以满足她所有的想法。我花了好几年的时间来改造这个房子，有几年我基本上都住在莫干山，很少回杭州。虽然当时山上没有任何游客，我仍然把那个房子改造成有五个房间的房子。有人说我是最早在莫干山开民宿的人，其实，我只是想有一栋房子陪女儿成长，朋友来了也可以住得很舒服。

秋天的颐园
（摄影：夏雨清）

颐园的雪：夏夏和狗
（摄影：夏雨清）

2006 年的时候，颐园来了一个邻居，叫马克，英国皇家卫队退役上尉。现在莫干山的发展跟马克紧密相关。他是上海一家英文杂志的主编，和合作伙伴闹僵了，被赶了出来，索性就来莫干山开了一家叫 The lodge 的咖啡馆，这也是他归隐山林的一种理想。他利用在上海当杂志主编时的关系，找了很多老外来莫干山喝咖啡。

那时莫干山的旅馆在冬天都是关门的，老外来了没有任何地方可住，恰巧我的房子有取暖设施，所以他们就借住在我那里。随着借住的人增多，我的房子就变成了真正的民宿。我是从 2002 年开始改造这个房子的，到

2006年，这里才真正成为一家民宿。老外来多了，也有人想在莫干山住下来开民宿，裸心谷的高天成和法国山居的司徒夫都是被马克吸引过来的。因此，我觉得马克是莫干山中兴的推手。

晚清民国的时候，中国有四大避暑胜地：莫干山、鸡公山、庐山、北戴河，这些地方都是传教士发现的，它们有一个共同的特点就是离主要的城市很近，比如莫干山离上海近，鸡公山离武汉近。这是由于当年那些传教士适应不了中国的气候，孩子死亡率很高，一般10个孩子中就会死掉三四个，所以他们需要找地方避暑。你能想象1928年的莫干山么？当杭州还是乡下时，莫干山却和上海滩一样，很洋气了：一条不到100米长的荫山街，集聚了三家百货店，四五家牛肉铺，几家银行，几家旅行社，几家旅店和两三家书店。这里有电话，有电报，当然，还有电灯。而几平方公里的山中，就有几十个游泳池和网球场，每个周末还有一场音乐会。据说，最多的一天，同时在山的老外超过5000人。

颐园全景
（摄影：夏雨清）

颐园内景
（摄影：王宁）

　　在莫干山很多年之后，我去了松阳，为什么要去松阳？这几年莫干山很热门，山中五六个景点，其中一半在颐园附近，到了夏天的时候，人都往颐园院子里来，有时还往房间里面冲，大家觉得这是一个可以参观的地方。我觉得莫干山太热闹了，希望寻找另外一个落脚地，而松阳就是这样一个去处。2015 年我给松阳民宿茑舍做众筹的时候，说了一句非常煽情的话：十年前你错过了莫干山，现在你还会错过松阳吗？

　　到了松阳，我先在县城的明清古街上开了一家杂货铺。这是一条生活着的老街，街上有很多打铁铺，还有草药铺、弹棉花的店铺。我的杂货铺叫山中杂记，有人说，它就该出现在台北，而不是偏僻的松阳。山中杂记一楼是书店和土特产，二楼是茶室。书是我自己挑的，土特产是我们重新包装的，包括当地的古法红糖、米酒、山茶油和金枣柿这些。随后，我又在山中杂记边上，把一所民国小学的旧址改成了 13 间客房的民宿茑

183

舍。以后我还要在松阳海拔八九百米的地方开另一家民宿，这个村子叫陈家铺，在明朝的时候是一个驿站，也会改造出十几间房子。

很多人问我："你去村庄里面开民宿，会不会破坏当地乡村？"实际上是不会的，我就租了几栋农民房开民宿，并没有带去任何破坏，反而我觉得对农民是有好处的。因为我们是属于自带流量的人，当我开一家民宿时，人流大都来自外地，不会跟当地的农家乐形成竞争，还会增加他们的生意。现在莫干山有五六百家民宿，且一整年都没有明显的淡季，以前当地农民都外出打工，现在都回莫干山当管家、服务员，这都是因为民宿的带动。

颐园外景
（摄影：贵格陈）

民宿不是解决乡村空心化最好的方法，但肯定也是一种方式。只有年轻人回流了，乡村才有希望。民宿在解决年轻人回乡方面，还挺有效的。一个管家的收入，完全不比城里打工低，有时还高很多。有好工作，有好收入，何愁青年不回乡？

基于这一点，我加盟了开始众筹这家公司，负责民宿和乡建众筹项目，协助大家完成梦想。在开始众筹的平台上，每周会有 2 到 3 个民宿项目上线，我们的效果是两三百万元筹资额的项目，往往在两三个小时就被抢光了。这是一个自带流量的平台，也是国内最好的生活方式众筹平台，我希望通过它能让民宿产生更大的效应。

六

民宿聚落生态
——一种自下而上的生长模式

王旭
SMART度假产业专家委员会秘书长
四川雅安雪山村项目设计师

尽管现在有部分人在从事乡村的建设和实体的建设，比如说风貌改造等，但能进入到乡村建设的软件、内容和运营阶段的人却寥寥无几。我一直喜欢用智能手机来比喻乡村建设的复杂程度，比如我们往往看到的都是智能手机的硬件部分，它长得酷不酷，是不是很薄，但如果这个手机没有苹果Store，没有APP，没有平台的搭建，这就不是一个手机。乡建也是如此，我们要重视硬件和软件的配合，甚至有时候是软件先行，然后用什么硬件来支持它。我主要讲三个内容：一是筹智，二是筹钱，三是筹人。

在乡建的过程中我们需要大量的资源，无论是西河村，还是我们与中国扶贫基金会一起做的雪山村都是如此。然而我们在一个地方进行乡建的时候，往往没有那么多资源集聚，那么要如何去筹集这些资源呢？

SMART 是三年前开始做度假类、公益类还有乡创产业类的项目。从商业角度、产品角度做乡村旅游都需要哪些资源以形成闭环或聚合？2013 年，我们和中国扶贫基金会刘文奎秘书长，还有孙君老师参与雅安灾后重建。乡村设计基本上没有钱，那么如何找到优秀的设计师来做设计，我们称之为"筹智"的一个阶段。这时我们在雅安组织了一个全球设计竞赛来解决问题，参赛的团队大概有 1000 多个，共设计 300 多个作品，我们选择其中优胜的 36 个团队作为志愿者参与到这个项目的设计中去。

雅安雪山村重建项目
（来源：中国扶贫基金会）

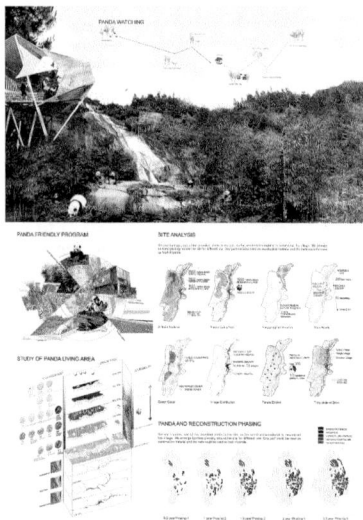

2013AIM 国际设计竞赛"震后重建 · 彩虹乡村，熊猫老家——四川雅安雪山村村落复兴"村落风貌规划奖 获奖团队：彭哲、周真如、屈张（清华大学）

他们都是非常有专业能力的人，很多参加完这个竞赛以后又去了哈佛、耶鲁等大学进修。参与乡建，既展示出了他们的情怀，也增强了其实际操作能力，包括与农民一起在一线服务。在现场休息的时候，他们还会做一些小画，甚至在搭建小模型时，村里的小朋友也不去打游戏了，都来跟着志愿者一起玩。这是一个深度交流、互惠共赢的过程，志愿者从中学到了很多东西，比如知道了房子如何从零建起，认识了很多野菜，以及了解到乡村里面的宗族、内部的体系和问题等。

这是一个筹智的过程，我们利用这种方式让众多想参与到乡村建设的学生们，进入到这个领域，同时给他们埋下社会公益的种子，让他们知道真正为有需要的人去做设计是设计师的本职工作。很多建筑都是在我们年轻设计师志愿者操持下，利用非常低的成本，跟农民一起搭建起来的，他们在这里面也获得了很多乐趣和启发。这就是我们雪山村志愿者的故事，但它却产生了常规的设计团队产生不了的效能。

雪山村现场设计
（来源：中国扶贫基金会）

第二个我想说筹钱和筹人的故事。为什么做了雪山村重建以后，还要考虑产业化的集成？在这个过程中就要考虑钱和人。人，我们定义为乡村创客，有很多平台和组织在寻找乡村创客，一些返乡村民用优异的技能和热情完成了这个内容。这个过程中对系统的梳理很重要，我们在乡村旅游当中的竞争力是什么？以传统设计为例，可能是房子漂亮，是用了很多钱来改造它，但被很多人忽略的就是体验设计和交互设计。在乡村度假中，我们要把它们放在首要的位置，游客不仅要在网上得到好的体验，还必须要有到达现场的理由。这是我们作为一个度假目的地的核心所在，因为我们对产品的定位、民宿综合体产品的规划、民宿产品的众筹、农民金融的产品都包含在里面。

另外一个就是新媒体的传播，这为乡村打造了一个互联网入口，包括我们社区营造、外部资源导入、财务测算等。它有助于民宿集群计划的展开，同时一些商业地产可在上面进行预售，还可以为后期民宿运营储存多元化的内容，为项目积累经营人群，提供用户参与的目的地，包括现有的一些民宿客栈、手工作坊、亲子见学、特色餐饮等。在乡村消费链条当中，我们要把这些内容全部连接起来。这样可能住宿费只占了消费的30%，如果真的从城市里面驱车三至四个小时到这里，只为付一个床板钱，那就不值得了。而如果是可以带孩子过来一起堆泥巴，或者是玩其他的游戏，那么游客就有可能愿意。

新媒体不仅是传播方式也是生产方式，新媒体是一开始就要包含的内容。以西河粮油博物馆为例，我们先是在互联网上看到了这么漂亮的地方，然后才会问它在哪儿？得知它在西河湾，西河湾在新县下面，所以游客要从信阳的高铁站出发，这就是从互联网端确认的流程。传统的方法就是信阳旁边有什么好玩的，可能有新县，可能有其他的，由于都不太清楚，到最后可能就随便选一个，这样西河粮油博物馆就很难脱颖而出。但是在互联网时代我们所有的出行都是预订好了的，即使在西河湾旁边有一个很好的村子，一般也不会改变行程，而是直接到西河湾。如何为我们的用户打开互联网的入口，就要利用到我们非常强大的新媒体团队的力量。新媒体前期会给我们积累一些社群，我们可以在第一批用户引导下建第二批，第三批，第四批，最后让大家自主选择不同产品。

在大型的房地产开发和规划设计当中，我们经常用的三个词是娱乐、传播、文化。第一，娱乐。只有做娱乐，游客才会被吸引过来，也才有可能留下。第二，传播。如果乡建后的地方游客看到后没有去拍照、发微博、晒朋友圈，就说明我们的传播是无效的，这是一个很简单的衡量标准。最后一个是文化，这是最难做的，卖得最贵的就是文化，西河粮油博物馆花了150万元才建起来，它的内容部分和文化价值是多少？不可估量。当一个产品被赋予了文化价值时，就不需要硬件来定价，也就没有了这方面的竞争，所以品牌的传播都需要有文化。

对于手作和再生，我们认识很多手作的组织，手作的性质是发觉当地的手艺，并让它们能够商业流通，这样年轻人就会因为它的商业价值来承袭和接替这样的工作，从而拯救或者保护一些手艺。另外，游客来到这里并不希望买一些随便在网上就能淘到的东西，而如果我在这里做了一个竹篮和小包，然后拿回去送给朋友，这是无价的。通过一个有设计感的传播，不仅能传递产品的价值，也传递乡村的文化内涵和品牌。由此可见，一个乡村综合体或者乡建的聚落，需要多类型、多层次的人才，才可以形成一个闭环。在广西，手作古法的红糖，由于每个村里的创客屈指可数，于是我们就把创客聚集到一个村庄里，支持他们的产品和创业。他们又用自身的知识反哺农民，比如说互联网思维、微信公众号运营等，这些都是乡村原来不具备的，所以是一个特别好的结合。

手工制作古法红糖
（来源：阿庆）

亲子农业见学是北京周边一个叫田妈妈的品牌组织的，他们主推的是农乐园项目，但在整个项目中所有的东西都没有花钱，是自己手工打造的。他们曾发起众筹，让有小孩的爸爸为孩子做一个木马玩具，然后聚集到一起，这样小朋友过来后，就会拥有更多属于爸爸情怀的玩具，这里面并没有过多的商业价值。包括户外冒险公园、森林探险乐园等也是一样，只是通过筹智、筹人、筹钱打造项目，但这样反而能打造成一个更长消费产地目的地。它是传统乡村开发的解药，不需要你有大量的成本投入，但能收到非常好的传播效果。我相信如果把小朋友带来这里玩，大家一定会发朋友圈，而如果仅仅只是看到一个很传统的村落，那就不一定。

田妈妈蘑法森林农乐园
（来源：田妈妈）

关于迷你农场和牧场，里面有很多的内容可以做。比如说把奶酪做成机器猫的形状等，这是它本身的内容和课程的设定。同时，旁边设有一些集装箱露营地。在一些村子里，政府有投资来做这些东西，但缺乏人来运营，我们要致力于寻找乡村创客。他们都是有创业精神的青年，但缺乏一些好的"土壤"，或者是初期启动资金，所以我们的硬件与他们最配，而这些人的水平不是我们培训一年两年本地人就能达到的。

最后我希望大家能够成为乡村创客的一员，或者是他们的支持者，来共同打造属于乡村创客自己的乡村综合体。

七

乡建恨早

吴海飞
乡隅香舍创始人

　　以前我是一名建筑师，就职于清华同衡规划院。后来走上乡建这条道路，可以说是一个很偶然、实际也是很必然的过程。我做民宿，从未想过跟随"民宿大军"，而是完全由个人生活状态的需求决定的。

　　大学毕业后我来到北京工作，2000 年的沙尘暴、2003 年的"非典"、之后的雾霾，路上拥挤的交通，环境对健康造成前所未有的侵蚀，这些让我开始寻找一种可兼顾工作与健康的生活方式。2015 年年中开始，我带着家人行动起来，围着国内走了一圈，最后决定在北京让自己和家人能活得健康一点，自由一点。

　　于是，我骑上摩托车，带着自己制定的"选址十条"，在北京周边的怀柔、门头沟、延庆三个区寻找宜居的地方。原则第一条是海拔高。因为雾霾基本上是灰尘、硫酸、硝酸结合的气溶胶系统，重量比较大，当海拔达到 460 米以上时霾是很少的，特别在冬季主导风西风或西北风时基本是没有霾。第二条是水质好。第三条是土壤好，常年化肥催生的土壤硝酸盐会增加，影响水质，同时降低农作物产量。第四条是距离北京70公里内，开车过来只需一个小时左右，便于城乡交流。第五条是民风好。第六条是村不能大。第七条是略有特色。第八条是有旅游资源。第九条是果树多。第十条最好是一个行政村。

半年的摩托车探路，最后我选择了延庆香屯村。它是北京市民俗村，也是 2007 年评选出来的美丽乡村。这里海拔有 500 多米，村子比较小，我去的时候是 31 户，后来走了一户，剩下 30 户，有 60 个人。整个村子没有平地，都是果树，根本不需要化肥。来这里要经过北京最美的三条路之一昌赤路，蜿蜒曲折，山景层峦叠嶂，深受众多骑行爱好者的喜欢。如果每天来往于城市跟村子之间，即使骑行距离比较远，但我还是会乐此不疲。另外，这个村子还有两个天然优势。一个优势是，它是北京离长城最近的地方，只需要 8 分钟，一面是山长城，一面是原汁原味的古长城。因为这些长城还不算是一个开放式的景区，不需要花钱，这点外国游客比较喜欢。我们没什么事的时候，就会带着客人去爬这段长城。另一个优势是，它到黑龙潭水系只需 30 多分钟，即使是夏天，这里都能保持清爽的状态。

香屯村附近的长城
（摄影：吴海飞）

　　基于这些优势资源，我开始了自己的"乡建"美梦。过程中我遇上了许多的困难、挖不动的地基、消失的项目负责人、运不上去的料、土地的争议、订单的违约、工期的延误……但是，2016年6月乡隅香舍终于初见眉目，主体完成。整个建筑最初是作为工作室设计的，改成民宿是后来的事。虽然村子有条小河，但我还是在院子里修了一个小水池，正好背山面水。把建筑内部的一层变成一个开敞空间，公共厨房、餐厅都在这里。小院共8间客房，每间客房都不一样，体验也有所不同：村长房位于制高点，一览村中风景；在长城房里，客人躺在床上可以看到蜿蜒的长城和院子里200多年的古树；露台房是晒太阳的好地方。至此，转型变成转行，用的都是洪荒之力。

乡隅香舍外景
（摄影：吴海飞）

乡隅香舍内景
（摄影：吴海飞）

当这栋房子还处于漫漫施工过程中时，抱着玩的心态，我们又租了几个荒废了很长时间的院子。利用闲暇时间，我们把其中的一个院子自己动手整理出来将其改造成了木工房，以消遣漫漫的施工过程。直到2016年8月，对院子的改造快竣工的时候，我们才开始思考，建设完客人是谁？哪里去找？如何宣传？由谁来经营？到这时我才意识到转型过劲了。

人常说"走在路上才会遇见同行者"，正当我不知所措的时候，机遇来临了。一个工地工人说有一个代表团来考察，有人特别喜欢这个建筑的外观和周围环境，很想合作。四天后对方打来的电话，询问住宿、游玩项目、课程设置的事情，我也在电话中介绍了附近的长城、黑龙潭等。就这样他们成了我的第一批客人，也改变了一切。他们不仅每次来全部包场，一包就包好几个星期，而且帮我理顺了从餐饮到所有体验项目，为接下来的服务奠定了基础，如长城寻宝、水边写生、做木工、包饺子、烤羊、打水枪、搭建篝火、放映露天电影、在300年老树下面荡秋千……以前水池中有一个晒太阳用的躺椅，后来小孩们把这里变成了一个水战场。就这样，每次来的人延续着这些体验。最超出想象的是木工课，我们一个非计划内的项目后来却成为了最活跃的体验，有时来的人数超出了我们的服务能力。有客人说："我不是来住的，是为了让孩子在大自然里学习下手作。"顺应这一趋势，我把木工课变成了主导项目。后来由于好多人要求在市里上木工课，所以我们在南城一个最大的商场以及西四环都开设了定期的木工课，也为我们积累了很多的客户。

木工课上的成果
（摄影：吴海飞）

木制的飞机
（摄影：吴海飞）

来的人多了后，我们又开发出了一些新的项目，如做月饼，做咖啡品鉴……慢慢地，我们最初遇到的问题都得到了很好的解决：找人经营成了自营；木匠师傅成了老师成了接待员；客户的体验成了宣传；菜品也得到了开发及改善。

乡建经历给我的感受是，世界上根本就不存在不行或不会，当你没了依靠，一切也就会了。另外，在乡建的路上，许多人不停地在思考自己乡建的目的到底是为了什么？是为了活下去，是为了乡愁，还是为了接续即将被斩断的千年农耕文明？我也一样在带着问号前行，希望与走在这条路上的朋友们携手共进，为乡建开辟一条适应中国国情发展的道路。

后记

在路上。

乡村复兴的事业，现在就在路上。

四月份开完西河村的论坛之后，我们就酝酿着将演讲内容汇集成一本书稿。之所以出版这么一本书，主要有两个原因。首先是要对得起为会议筹办付出了太多努力的各支团队。几家主办方通力合作，为会议提供了丰富且新锐的内容。新县政府、周河乡政府、西河村委会和西河大湾合作社作为东道主，为会议最终落地在西河村做出了巨大贡献。执行承办会务工作的深圳市爱乡村传媒有限公司，以高度职业的组织能力和工作精神确保了会议的顺利进行。以《灵犀》杂志报道团为代表的媒体伙伴们，以极高的效率实现了对演讲内容的凝练和直播。会议虽然只有两天，但是从策划到设计再到执行，前后一共忙活了四个月。最终的结果，是为所有参会者创造了一次特殊而极致的开会体验——不只学习到了最丰富、最新鲜的行业知识，还对西河村所在的会场空间和乡村环境留下了深刻印象。

第二个原因，是希望把在乡村事业上做出了不同探索的知识和经验做一个阶段性的汇总。最近这些年，乡村领域可谓备受关注，各类探索实践也可以说是此起彼伏，精彩频现，甚至也伴随着巨大的争议。作为一个行业交流平台，我们认为有责任每过一段时间，就把所有具有探索意义的技术经验和知识思考做一次收集和记录。这样既有利于推动行业的内部交流和整体进步，也便于将来的研究者回过头来对这一步步走来的历程做观察和批判。

开好一次会不容易，编好一本书同样也不容易。几十位演讲者，已经为本书提供了主要的内容和原料。但是书稿从准备到付梓，仍然花去了比预计要多很多的时间。我们找速记，听录音，一遍遍回忆演讲者们在会场上的讲话场景，再咀嚼消化他们的思想、知识和经验。摆正心态，认真做事，就一定会有进步、有收获——这是我们在反复学习这些演讲者的讲话和案例之后的最大体会。其实，认真记录和整理演讲稿，这件工作本身也已经让我们有进步、有收获。

罗德胤

2016 年 12 月 8 日